LES
MYSTÈRES
DE PARIS.

Par EUGÈNE SUE,
AUTEUR DE MATHILDE.

HUITIÈME SÉRIE.

PARIS.
LIBRAIRIE DE CHARLES GOSSELIN,
Éditeur de la Bibliothèque d'Élite.
30, RUE JACOB.
MDCCCXLIII.

LES MYSTÈRES DE PARIS.

HUITIÈME PARTIE.

CHAPITRE PREMIER.

COMPARAISON.

Rigolette, vivement intéressée au triste sort de la sœur de *Pique-Vinaigre*, ne la quittait pas des yeux, et allait tâcher de se rapprocher un peu d'elle, lorsque malheureusement un nouveau visiteur, entrant dans le parloir, demanda un détenu, qu'on alla chercher, et s'assit sur le banc entre Jeanne et la grisette.

Celle-ci, à la vue de cet homme, ne put retenir un geste de surprise, presque de crainte... Elle reconnaissait en lui l'un des deux recors qui étaient venus arrêter Morel, mettant ainsi à exécution la contrainte par corps obtenue contre le lapidaire par Jacques Ferrand.

Cette circonstance, rappelant à Rigolette l'opiniâtre persécuteur de Germain, redoubla sa tristesse, dont elle avait été un peu distraite par les touchantes et pénibles confidences de la sœur de Pique-Vinaigre.

S'éloignant autant qu'elle le put de son nouveau voisin, la grisette s'appuya au mur et retomba dans ses affligeantes pensées.

— Tiens, Jeanne — reprit Pique-Vinaigre, dont la figure joviale et railleuse s'était subitement assombrie — je ne suis ni fort ni brave; mais si je m'étais trouvé là, pendant que ton mari te faisait ainsi la misère, ça ne se serait pas passé gentiment entre lui et moi... Mais aussi tu étais par trop bonne enfant, toi...

— Que voulais-tu que je fasse?.. J'ai bien été forcée de souffrir ce que je ne pouvais pas empêcher! Tant qu'il y a eu chez nous quelque chose à vendre, mon mari l'a vendu pour aller au cabaret avec sa maîtresse, tout, jusqu'à la robe du dimanche de ma petite fille.

— Mais l'argent de tes journées, pourquoi

le lui donnais-tu?... pourquoi ne le cachais-tu pas?

— Je le cachais, mais il me battait tant... que j'étais bien obligée de lui donner... C'était moins à cause des coups que je lui cédais... que parce que je me disais : A la fin il n'a qu'à me blesser assez grièvement... pour que je sois hors d'état de travailler de long-temps, qu'il me casse un bras je suppose, alors qu'est-ce que je deviendrai... qui soignera, qui nourrira mes enfants?... Si je suis forcée d'aller à l'hospice, il faudra donc qu'ils meurent de faim pendant ce temps-là?.... Aussi tu conçois, mon frère, j'aimais encore mieux donner mon argent à mon mari, afin de n'être pas battue, blessée... et de rester *bonne à travailler*...

— Pauvre femme, va!... on parle de martyrs, c'est toi qui l'as été martyre!..

— Et pourtant je n'ai jamais fait de mal à personne, je ne demandais qu'à travailler, qu'à soigner mon mari et mes enfants; mais que veux-tu, il y a des heureux et des malheureux, comme il y a des bons et des méchants.

— Oui, et c'est étonnant comme les bons

sont heureux!.. Mais enfin, en es-tu tout à fait débarrassée de ton gueux de mari?

— Je l'espère, car il ne m'a quittée qu'après avoir vendu jusqu'à mon bois de lit et au berceau de mes deux petits enfants... Mais quand je pense qu'il voulait bien pis encore...

— Quoi donc?

— Quand je dis lui, c'était plutôt cette vilaine femme qui le poussait; c'est pour ça que je t'en parle. Enfin un jour il m'a dit: « Quand dans un ménage il y a une jolie fille de quinze ans comme la nôtre, on est des bêtes de ne pas profiter de sa beauté. »

— Ah bon! je comprends... après avoir vendu les nippes, il veut vendre les corps!...

— Quand il a dit cela, vois-tu, Fortuné, mon sang n'a fait qu'un tour, et il faut être juste, je l'ai fait rougir de honte par mes reproches; et comme sa mauvaise femme voulait se mêler de notre querelle en soutenant que mon mari pouvait faire de sa fille ce qu'il voulait, je l'ai traitée si mal, cette malheureuse, que mon mari m'a battue, et c'est depuis cette scène-là que je ne les ai plus revus.

— Tiens, vois-tu, Jeanne, il y a des gens

condamnés à dix ans de prison qui n'en ont pas tant fait que ton mari... au moins ils ne dépouillaient que des étrangers... C'est un fier gueux !..

— Dans le fond, il n'est pourtant pas méchant, vois-tu; c'est de mauvaises connaissances de cabaret qui l'ont dérangé...

— Oui, il ne ferait pas de mal à un enfant; mais à une grande personne, c'est différent...

— Enfin, que veux-tu! il faut bien prendre la vie comme le bon Dieu vous l'envoie... Au moins, mon mari parti, je n'avais plus à craindre d'être estropiée par un mauvais coup; j'ai repris courage... Faute d'avoir de quoi racheter un matelas, car avant tout il faut vivre et payer son terme, et à nous deux ma fille aînée, ma pauvre Catherine, à peine nous gagnions quarante sous par jour, mes deux autres enfants étant trop petits pour rien gagner encore... faute d'un matelas, nous couchions sur une paillasse faite avec de la paille que nous ramassions à la porte d'un emballeur de notre rue.

— Et j'ai mangé ma masse !.. et j'ai mangé ma masse !..

— Que veux-tu... tu ne pouvais pas savoir ma peine, puisque je ne t'en parlais pas; enfin nous avons redoublé de travail, nous deux Catherine... Pauvre enfant, si tu savais comme c'est honnête, et laborieux, et bon! toujours les yeux sur les miens pour savoir ce que je désire qu'elle fasse; jamais une plainte, et pourtant... elle en a déjà vu de cette misère... quoiqu'elle n'ait que quinze ans!.. Ah! ça console de bien des choses, vois-tu, Fortuné, d'avoir une enfant pareille — dit Jeanne en essuyant ses yeux.

— C'est tout ton portrait... à ce que je vois; il faut bien que tu aies cette consolation-là, au moins...

— Je t'assure, va, que c'est plus pour elle que je me chagrine que pour moi; car il n'y a pas à dire, vois-tu, depuis deux mois elle ne s'est pas arrêtée de travailler un moment; une fois par semaine elle sort pour aller savonner aux bateaux du Pont-au-Change, à trois sous l'heure, le peu de linge que mon mari nous a laissé : tout le reste du temps, à l'attache comme un pauvre chien... Vrai, le malheur lui est venu trop tôt; je sais bien qu'il faut toujours qu'il vienne, mais au moins il y en a qui ont une ou deux années de tranquillité... Ce qui me fait aussi beaucoup de chagrin dans tout ça, vois-tu, Fortuné, c'est de ne pouvoir t'aider en presque rien... Pourtant, je tâcherai...

— Ah çà! est-ce que tu crois que j'accepterais? Au contraire, je demandais un sou par paire d'oreilles pour leur raconter mes fariboles, j'en demanderai deux ou ils se passeront des contes de Pique-Vinaigre... et ça t'aidera un peu dans ton ménage... Mais, j'y pense, pourquoi ne pas te mettre en garni? comme ça ton mari ne pourrait rien vendre.

— En garni? Mais penses-y donc, nous sommes quatre, on nous demanderait au moins vingt sous par jour : qu'est-ce qui nous resterait pour vivre ? Tandis que notre chambre ne nous coûte que cinquante francs par an.

— Allons, c'est juste, ma fille — dit Pique-Vinaigre avec une ironie amère — travaille, éreinte-toi pour refaire un peu ton ménage; dès que tu auras encore gagné quelque chose, ton mari te le pillera de nouveau... et un beau jour il vendra ta fille comme il a vendu tes nippes.

— Oh! pour ça, par exemple, il me tuerait plutôt... Ma pauvre Catherine!..

— Il ne te tuera pas, et il vendra ta pauvre Catherine... Il est ton mari, n'est-ce pas? Il *est le chef de la communauté*, comme t'a dit l'avocat, tant que vous ne serez pas séparés par la loi; et comme tu n'as pas cinq cents francs à donner pour ça, il faut te résigner, ton mari a le droit d'emmener sa fille de chez toi, et où il veut... Une fois que lui et sa maitresse s'acharneront à perdre cette pauvre enfant, est-ce qu'il ne faudra pas qu'elle y passe?..

— Mon Dieu!.. mon Dieu!.. Mais si cette infamie était possible... Il n'y aurait donc pas de justice?..

— La justice? — dit Pique-Vinaigre avec un éclat de rire sardonique — c'est comme la viande... c'est trop cher pour que les pauvres en mangent... Seulement, entendons-nous, s'il s'agit de les envoyer à Melun, de les mettre au carcan ou de les jeter aux galères, c'est une autre affaire... on leur donne cette justice-là *gra-*

tis... Si on leur coupe le cou... c'est encore *gratis*... toujours *gratis*... Prrrrrenez vos billets — ajoua Pique-Vinaigre avec son accent de bateleur; — ce n'est pas dix sous, deux sous, un sou, un centime que ça vous coûtera... Non, messieurs; ça vous coûtera la bagatelle de... rien du tout... c'est à la portée de tout le monde, *on ne fournit que sa tête...* la coupe et la frisure sont aux frais du gouvernement... Voilà la justice *gratis*.. Mais la justice qui empêcherait une honnête mère de famille d'être battue et dépouillée par un gueux de mari qui veut et peut faire argent de sa fille... cette justice-là coûte *cinq cents francs*... et il faudra t'en passer, ma pauvre Jeanne...

— Tiens... Fortuné — dit la malheureuse mère en fondant en larmes — tu me mets la mort dans l'âme...

— C'est qu'aussi je l'ai... la mort dans l'âme, en pensant à ton sort... à celui de ta famille... et en reconnaissant que je n'y peux rien... J'ai l'air de toujours rire... Mais ne t'y trompe pas, j'ai deux sortes de gaietés, vois-tu, Jeanne, ma gaieté gaie et ma gaieté triste... Je n'ai ni la force ni le courage d'être méchant, colère ou haineux comme les autres... ça s'en va toujours chez moi en paroles plus ou moins farces. Ma poltronnerie et ma faiblesse de corps m'ont empêché de devenir pire que je suis... Il a fallu l'occasion de cette bicoque isolée, où il n'y avait pas un chat... et surtout pas un chien, pour me pousser à voler... Il a fallu encore que par hasard il ait fait un clair de lune superbe ; car la nuit, et seul, j'ai une peur de tous les diables !..

— C'est ce qui me fait toujours te dire, mon pauvre Fortuné, que tu es meilleur que tu ne crois... Aussi j'espère que les juges auront pitié de toi...

— Pitié de moi ? un libéré récidiviste ? compte là-dessus ! Après ça, je ne leur en veux pas : être ici, là, ou ailleurs, ça m'est égal ; et puis, tu as raison, je ne suis pas méchant... et ceux qui le sont, je les hais à ma manière, en me moquant d'eux ; faut croire qu'à force de conter des histoires où, pour plaire à mes auditeurs, je fais toujours en sorte que ceux qui tourmentent les autres par pure cruauté reçoivent à la fin des raclées indignes... je me serai habitué à sentir comme je raconte.

— Ils aiment des histoires pareilles, ces gens avec qui tu es... mon pauvre frère? Je n'aurais pas cru cela.

— Minute !.. Si je leur contais des récits où un gaillard qui vole où qui tue pour voler est roulé à la fin, ils ne me laisseraient pas finir; mais s'il s'agit ou d'une femme ou d'un enfant, ou, par exemple, d'un pauvre diable comme moi qu'on jetterait par terre en soufflant dessus, et qu'il soit poursuivi à outrance par une *barbe noire* qui le persécute seulement pour le plaisir de le persécuter, POUR L'HONNEUR, comme on dit, oh ! alors ils trépignent de joie quand à la fin du conte la *barbe noire* reçoit sa paye. Tiens, j'ai surtout une histoire intitulée : GRINGALET ET COUPE-EN-DEUX, qui faisait les délices de la centrale de Melun, et que je n'ai pas encore racontée ici. Je l'ai promise pour ce soir ; mais faudra qu'ils mettent crânement à ma tirelire, et tu en profiteras... Sans compter que je l'écrirai pour tes enfants... GRINGALET ET COUPE-EN-

DEUX, ça les amusera ; des religieuses liraient cette histoire-là, ainsi sois tranquille.

— Enfin, mon pauvre Fortuné, ce qui me console un peu, c'est de voir que tu n'es pas si malheureux que d'autres, grâce à ton caractère.

— Bien sûr que si j'étais comme un détenu qui est de notre chambrée, je serais malfaisant à moi-même. Pauvre garçon... J'ai bien peur qu'avant la fin de la journée il ne saigne d'un côté ou d'un autre... ça chauffe à rouge pour lui... il y a un mauvais complot monté pour ce soir... à son intention...

— Ah ! mon Dieu ! on veut lui faire du mal?.. ne te mêle pas de ça, au moins, Fortuné !..

— Pas si bête !.. j'attraperais des éclaboussures... c'est en allant et venant, que j'ai entendu jaboter l'un et l'autre... on parlait de bâillon... pour l'empêcher de crier... et puis, afin d'empêcher qu'on ne voie son exécution... ils veulent faire cercle autour de lui... en ayant l'air d'écouter un d'eux... qui sera censé lire tout haut un journal ou autre chose...

— Mais... pourquoi veut-on le maltraiter ainsi?..

— Comme il est toujours seul, qu'il ne parle à personne, et qu'il a l'air dégoûté des autres, ils s'imaginent que c'est un mouchard, ce qui est très-bête ; car au contraire il se faufilerait avec tout le monde s'il voulait moucharder. Mais le fin de la chose est qu'il a l'air d'un *Monsieur*, et que ça les offusque. C'est le *capitaine* du dortoir, nommé le *Squelette ambulant*, qui est à la tête du complot. Il est comme un vrai désossé après ce pauvre Germain, leur bête noire s'appelle ainsi. Ma foi, qu'ils s'arrangent... cela les regarde... je n'y peux rien. Mais tu vois, Jeanne, voilà à quoi ça sert d'être triste en prison... tout de suite on vous suspecte; aussi je ne l'ai jamais été, moi, suspecté... Ah çà, ma fille, assez causé, va-t'en voir chez toi si j'y suis, tu prends sur ton temps pour venir ici... moi je n'ai qu'à bavarder... toi, c'est différent... ainsi, bonsoir... Reviens de temps en temps; tu sais que j'en serai content.

— Mon frère... encore quelques moments, je t'en prie...

— Non, non, tes enfants t'attendent... Ah ça ! tu ne leur dis pas, j'espère, que leur *nononcle* est pensionnaire ici ?

— Ils te croient aux îles... comme autrefois ma mère... De cette manière, je peux leur parler de toi...

— A la bonne heure... Ah çà ! va-t'en vite, vite.

— Oui, mais écoute, mon pauvre frère : je n'ai pas grand'chose, pourtant je ne te laisserai pas ainsi. Tu dois avoir si froid, pas de bas... et ce mauvais gilet !.. Nous t'arrangerons quelques hardes avec Catherine. Dame ! Fortuné... tu penses, ce n'est pas l'envie de bien faire pour toi qui nous manque...

— De quoi ? de quoi ? des hardes ? mais j'en ai plein mes malles... Dès qu'elles vont arriver, j'aurai de quoi m'habiller comme un prince... Allons, ris donc un peu ! Non ? Eh bien ! sérieusement, ma fille, ça n'est pas de refus... en attendant que *Gringalet et Coupe-en-Deux* aient rempli ma tirelire. Alors je te rendrai ça... Adieu... ma bonne Jeanne ; la première fois que tu viendras, que je perde mon nom de Pique-Vinaigre si je ne te fais pas rire. Allons, va-t'en... je t'ai déjà trop retenue...

— Mais, mon frère... écoute donc!..

— Mon brave... eh! mon brave — cria Pique-Vinaigre au gardien qui était assis à l'autre bout du couloir — j'ai fini ma conversation, je voudrais rentrer... assez causé...

— Ah! Fortuné... ce n'est pas bien... de me renvoyer ainsi — dit Jeanne.

— C'est au contraire très-bien. Allons, adieu, bon courage, et demain matin dis aux enfants que tu as rêvé de leur oncle qui est aux îles et qu'il t'a priée de les embrasser... Adieu.

— Adieu, Fortuné — dit la pauvre femme toute en larmes et en voyant son frère rentrer dans l'intérieur de la prison.

Rigolette, depuis que le recors s'était assis à côté d'elle, n'avait pu entendre la conversation de Pique-Vinaigre et de Jeanne; mais elle n'avait pas quitté celle-ci des yeux, pensant au moyen de savoir l'adresse de cette pauvre femme, afin de pouvoir, selon sa première idée, la recommander à Rodolphe.

Lorsque Jeanne se leva du banc pour quitter le parloir, la grisette s'approcha d'elle en lui disant timidement :

— Madame, tout à l'heure, sans chercher à vous écouter, j'ai entendu que vous étiez frangeuse-passementière ?

— Oui, mademoiselle — répondit Jeanne un peu surprise, mais prévenue en faveur de Rigolette par son air gracieux et sa charmante figure.

— Je suis couturière en robes — reprit la grisette ; — maintenant que les franges et les passementeries sont à la mode, j'ai quelquefois des pratiques qui me demandent des garnitures à leur goût ; j'ai pensé qu'il serait peut-être moins cher de m'adresser à vous, qui travaillez en chambre, que de m'adresser à un marchand, et que d'un autre côté je pourrais vous donner plus que ne vous donne votre fabricant.

— C'est vrai, mademoiselle, en prenant de la soie à mon compte cela me ferait un petit bénéfice... Vous êtes bien bonne de penser à moi... je n'en reviens pas...

— Tenez, madame, je vous parlerai franchement : j'attends la personne que je viens voir; n'ayant à causer avec personne, tout à l'heure, avant que ce monsieur se soit mis entre nous deux, sans le vouloir, je vous assure, je vous ai entendue parler à votre frère de vos chagrins, de vos enfants; je me suis dit : Entre pauvres gens on doit s'aider. L'idée m'est venue que je pourrais vous être bonne à quelque chose, puisque vous étiez frangeuse. Si, en effet, ce que je vous propose vous convient, voici mon adresse, donnez-moi la vôtre, de façon que lorsque j'aurai une petite commande à vous faire, je saurai où vous trouver.

Et Rigolette donna une de ses adresses à la sœur de Pique-Vinaigre.

Celle-ci, vivement touchée des procédés de la grisette, dit avec effusion :

— Votre figure ne m'avait pas trompée, mademoiselle, et puis, ne prenez pas cela pour de l'orgueil, mais vous avez un faux air de ma fille aînée, ce qui fait qu'en entrant je vous avais regardée par deux fois. Je vous remercie bien ; si vous m'employez, vous serez contente de mon ouvrage, ce sera fait en conscience... Je me nomme Jeanne Duport... Je demeure rue de la Barillerie, n° 1.

— N° 1... Ça n'est pas difficile à retenir. Merci, madame.

— C'est à moi de vous remercier, ma chère demoiselle, c'est si bon à vous... d'avoir tout de suite pensé à m'être utile! Encore une fois, je n'en reviens pas.

— Mais c'est tout simple, madame Duport — dit Rigolette avec un charmant sourire. Puisque j'ai un faux air de votre fille Catherine, ce que vous appelez ma bonne idée ne doit pas vous étonner.

— Êtes-vous gentille... chère demoiselle! Tenez, grâce à vous, je m'en irai un peu moins triste que je ne croyais, et puis peut-être que nous nous retrouverons ici quelquefois, car vous venez comme moi voir un prisonnier.

— Oui, madame... — répondit Rigolette en soupirant.

— Alors, à revoir... du moins, je l'espère, mademoiselle... Rigolette — dit Jeanne Duport après avoir jeté les yeux sur l'adresse de la grisette.

— A revoir, madame Duport...

— Au moins, pensa Rigolette en allant se rasseoir sur son banc, je sais maintenant l'adresse de cette pauvre femme, et bien sûr

M. Rodolphe s'intéressera à elle quand il saura combien elle est malheureuse, car il m'a toujours dit : Si vous connaissez quelqu'un de bien à plaindre, adressez-vous à moi...

Et Rigolette, se remettant à sa place, attendit avec impatience la fin de l'entretien de son voisin, afin de pouvoir faire demander Germain.

. . . .

Maintenant, quelques mots sur la scène précédente.

Malheureusement, il faut l'avouer, l'indignation du misérable frère de Jeanne Duport avait été légitime...

Oui... en disant que la loi était *trop chère* pour les pauvres, il disait vrai.

Plaider devant les tribunaux civils entraîne des frais énormes et inaccessibles aux artisans, qui vivent à grand'peine d'un salaire insuffisant.

Qu'une mère ou qu'un père de famille appartenant à cette classe toujours sacrifiée, veuillent en effet obtenir une séparation de corps; qu'ils aient, pour l'obtenir, tous les droits possibles...

L'obtiendront-ils?

Non.

Car il n'y a pas un ouvrier en état de dépenser de quatre à cinq cents francs pour les onéreuses formalités d'un tel jugement.

Pourtant le pauvre n'a d'autre vie que la vie domestique; la bonne ou mauvaise conduite d'un chef de famille d'artisans n'est pas seulement une question de moralité, c'est une question de PAIN...

Le sort d'une femme du peuple, tel que nous venons d'essayer de le peindre, mérite-t-il donc moins d'intérêt, moins de protection que celui d'une femme riche qui souffre des désordres ou des infidélités de son mari?

Rien de plus digne de pitié, sans doute, que les douleurs de l'âme.

Mais lorsqu'à ces douleurs se joint, pour une malheureuse mère, la misère de ses enfants, n'est-il pas monstrueux que la pauvreté de cette femme la mette hors la loi et la livre sans défense, elle et sa famille, aux odieux traitements d'un mari fainéant et corrompu?

Et cette monstruosité existe.

Et un repris de justice peut, dans cette circonstance comme dans d'autres, nier avec droit et logique l'impartialité des institutions au nom desquelles il est condamné.

Est-il besoin de dire ce qu'il y a de dangereux pour la société à justifier de pareilles attaques ?

Quelle sera l'influence, l'autorité morale de ces lois, dont l'application est absolument subordonnée à une question d'argent ?

La justice civile, comme la justice criminelle, ne devrait-elle pas être accessible à tous ?

Lorsque des gens sont trop pauvres pour pouvoir invoquer le bénéfice d'une loi éminemment préservatrice et tutélaire, la société ne devrait-elle pas, à ses frais, en assurer l'application, par respect pour l'honneur et pour le repos des familles ?

Mais laissons cette femme qui restera toute sa vie la victime d'un mari brutal et perverti parce qu'elle est trop pauvre pour faire prononcer sa séparation de corps par la loi ?

Parlons du frère de Jeanne Duport.

Ce réclusionnaire libéré sort d'un antre de corruption pour rentrer dans le monde ; il a subi sa peine, payé sa dette par l'expiation.

Quelles précautions la société a-t-elle prises pour l'empêcher de retomber dans le crime?

Aucune...

Lui a-t-on, avec une charitable prévoyance, rendu possible le retour au bien, afin de pouvoir sévir, ainsi que l'on sévit d'une manière terrible, s'il se montre incorrigible?

Non...

La perversion contagieuse de vos geôles est tellement connue, est si justement redoutée, que celui qui en sort est partout un sujet de mépris, d'aversion et d'épouvante : serait-il vingt fois homme de bien, il ne trouvera presque nulle part de l'occupation.

De plus, votre surveillance flétrissante l'exile dans de petites localités où ses antécédents doivent être immédiatement connus, et où il n'aura aucun moyen d'exercer les industries exceptionnelles souvent imposées aux détenus par les fermiers de travail des maisons centrales.

Si le libéré a le courage de résister aux tentations mauvaises, il se livrera donc à l'un de ces métiers homicides dont nous avons parlé, à la préparation de certains produits chimiques dont l'influence mortelle décime ceux qui exercent ces funestes professions (1), ou bien encore, s'il en a la force, il ira extraire du grès dans la forêt de Fontainebleau, métier auquel on résiste, terme moyen, six ans!!!

La condition d'un libéré est donc beaucoup plus fâcheuse, plus pénible, plus difficile qu'elle ne l'était avant sa première faute : il marche entouré d'entraves, d'écueils; il lui faut braver la répulsion, les dédains, souvent même la plus profonde misère...

Et s'il succombe à toutes ces chances effrayantes de criminalité, et s'il commet un second crime, vous vous montrez mille fois plus sévère envers lui que pour sa première faute...

Cela est injuste... car c'est presque toujours la nécessité que vous lui faites qui le conduit à un second crime.

Oui, car il est démontré qu'au lieu de cor-

(1) On vient de trouver, assure-t-on, le moyen de préserver les malheureux ouvriers voués à ces effroyables industries. — (Voir le *Mémoire descriptif d'un nouveau procédé de* FABRICATION DU BLANC DE CÉRUSE, *présenté à l'Académie des sciences, par M. J.-N. Gannal.*)

riger, votre système pénitentiaire déprave.

Au lieu d'améliorer... il empire...

Au lieu de guérir de légères affections morales, il les rend incurables.

Votre aggravation de peine, impitoyablement appliquée à la récidive, est donc inique, barbare, puisque cette récidive est, pour ainsi dire, une conséquence forcée de vos institutions pénales.

Le terrible châtiment qui frappe les récidivistes serait juste et logique, si vos prisons moralisaient, épuraient les détenus, et si à l'expiration de leur peine une bonne conduite leur était sinon facile, du moins généralement possible...

Si l'on s'étonne de ces contradictions de la loi, que sera-ce donc lorsque l'on comparera certains délits à certains crimes,

Soit à cause de leurs suites inévitables, soit à cause des disproportions exorbitantes qui existent entre les punitions dont ils sont atteints?...

L'entretien du prisonnier que venait visiter le recors nous offrira un de ces affligeants contrastes.

CHAPITRE II.

MAITRE BOULARD.

Le détenu qui entra dans le parloir au moment où *Pique-Vinaigre* en sortait, était un homme de trente ans environ, aux cheveux d'un blond ardent, à la figure joviale, pleine et rubiconde; sa taille moyenne rendait plus remarquable encore son énorme embonpoint. Ce prisonnier, si vermeil et si obèse, s'enveloppait dans une longue et chaude redingote de molleton gris, pareille à son pantalon à pieds; une sorte de casquette-chaperon en velours rouge, dite à la *Périnet Leclerc*, complétait le costume de ce personnage qui portait d'excellentes pantoufles fourrées. Quoique la mode des breloques fût passée depuis longtemps, la chaîne d'or de sa montre soutenait bon nombre de cachets montés en pierres fines; enfin plusieurs bagues, enrichies d'assez belles pierreries, brillaient aux grosses mains rouges de ce détenu nommé maître Boulard, huissier prévenu *d'abus de confiance.*

Son interlocuteur était, nous l'avons dit, Pierre Bourdin, l'un des gardes du commerce chargés d'opérer l'arrestation de Morel le lapidaire. Ce recors était ordinairement employé par maître Boulard, huissier de M. Petit-Jean, prête-nom de Jacques Ferrand.

Bourdin, plus petit et aussi replet que l'huissier, se modelait selon ses moyens sur son patron, dont il admirait la magnificence. Affectionnant comme lui les bijoux, il portait ce jour-là une superbe épingle de topaze, et un long jaseron d'or serpentait, paraissait et disparaissait entre les boutonnières de son gilet.

— Bonjour, fidèle Bourdin; j'étais bien sûr que vous ne manqueriez pas à l'appel — dit joyeusement maître Boulard d'une petite voix grêle qui contrastait singulièrement avec son gros corps et sa large figure fleurie.

— Manquer à l'appel! — répondit le recors; — j'en étais incapable, *mon général.*

C'est ainsi que Bourdin, par une plaisanterie à la fois familière et respectueuse, appelait l'huissier sous les ordres duquel il instrumentait; cette locution militaire étant d'ailleurs assez souvent usitée parmi certaines classes d'employés et de praticiens civils.

— Je vois avec plaisir que l'amitié reste fidèle à l'infortune — dit maître Boulard avec une gaieté cordiale; — pourtant je commençais à m'inquiéter, voilà trois jours que je vous avais écrit et pas de Bourdin...

— Figurez-vous, mon général, que c'est toute une histoire. Vous vous rappelez bien ce beau vicomte de la rue de Chaillot.

— Saint-Remy?

— Justement! Vous savez comme il se moquait de nos prises de corps?

— Il en était indécent...

— A qui le dites-vous? nous deux Malicorne nous en étions comme abrutis, si c'est possible.

— C'est impossible, brave Bourdin.

— Heureusement, mon général; mais voici le fait : ce beau vicomte a monté en titres.

— Il est devenu comte?

— Non! d'escroc il est devenu voleur.

— Ah! bah!

— On est à ses trousses pour des diamants qu'il a effarouchés. Et, par parenthèse, ils appartenaient au joaillier qui employait cette vermine de Morel, le lapidaire, que nous allions pincer rue du Temple, lorsqu'un grand mince, à moustaches noires, à payé pour ce meurt-de-faim, et a manqué de nous jeter du haut en bas des escaliers, nous deux Malicorne.

— Ah! oui, oui, je me souviens... vous m'avez raconté cela, mon pauvre Bourdin... c'était fort drôle. Le meilleur de la farce a été que la portière de la maison vous a vidé sur le dos une écuellée de soupe bouillante...

— Y compris l'écuelle, général, qui a éclaté comme une bombe à nos pieds... Vieille sorcière!...

— Ça comptera sur vos états de services et blessures... Mais ce beau vicomte?

— Je vous disais donc que Saint-Remy était poursuivi pour vol... après avoir fait croire à son bon enfant de père qu'il avait voulu se brûler la cervelle. Un agent de police de mes amis, sachant que j'avais longuement traqué ce vicomte, m'a demandé si je ne pourrais pas le renseigner, le mettre sur la trace de ce mirliflor... Justement j'avais su trop tard, lors de la dernière contrainte par corps, à laquelle il avait échappé, qu'il s'était *terré* dans une ferme à Arnouville, à cinq lieues de Paris... Mais quand nous y étions arrivés... il n'était plus temps... l'oiseau avait déniché!..

— D'ailleurs, il a, le surlendemain, payé cette lettre de change... grâce à certaine grande dame, dit-on.

— Oui, général... mais, c'est égal, je connaissais le nid, il s'était déjà une fois caché là... il pouvait bien s'y être caché une seconde... c'est ce que j'ai dit à mon ami l'agent de police... Celui-ci m'a proposé de lui donner un coup de main... en amateur... et de le conduire à la ferme... Je n'avais pas d'occupation... ça me faisait une partie de campagne... j'ai accepté.

— Eh bien! le vicomte?..

— Introuvable!.. Après avoir d'abord rôdé autour de la ferme, et nous y être ensuite introduits... nous sommes revenus, Jean comme devant... c'est ce qui fait que je n'ai pas pu me rendre plus tôt à vos ordres, mon général.

— J'étais bien sûr qu'il y avait impossibilité de votre part, mon brave.

— Mais, sans indiscrétion, comment diable vous trouvez-vous ici?

— Des canailles, mon cher... une nuée de canailles, qui, pour une misère d'une soixantaine de mille francs, dont ils se prétendent dépouillés, ont porté plainte contre moi en abus de confiance, et me forcent de me défaire de ma charge...

— Vraiment! général?.. ah bien! en voilà un malheur! comment... nous ne travaillerons plus pour vous?..

— Je suis à la demi-solde, mon brave Bourdin... me voici sous la remise.

— Mais qui est-ce donc que ces acharnés-là?

— Figurez-vous qu'un des plus forcenés contre moi est un voleur libéré, qui m'avait donné à recouvrer le montant d'un billet de sept cents mauvais francs, pour lequel il fallait poursuivre... J'ai poursuivi, j'ai été payé, j'ai encaissé l'argent... et parce que, par suite d'opérations qui ne m'ont pas réussi, j'ai fricassé cette somme ainsi que beaucoup d'autres, toute cette canaille a tant piaillé, qu'on a lancé contre moi un mandat d'amener, et que vous me voyez ici, mon brave, ni plus ni moins qu'un malfaiteur...

— Si ça ne fait pas suer, mon général... vous!

—Mon Dieu, oui; mais ce qu'il y a de plus curieux, c'est que ce libéré m'a écrit, il y a quelques jours, que cet argent étant sa seule ressource pour les jours mauvais, et que ces jours mauvais étant arrivés... (je ne sais pas ce qu'il entend par là) j'étais responsable des crimes qu'il pourrait commettre pour échapper à la misère.

— C'est charmant, parole d'honneur!

— N'est-ce pas? rien de plus commode... le drôle est capable de dire cela pour son excuse... Heureusement la loi ne connaît pas ces complicités-là.

— Après tout, vous n'êtes prévenu que d'abus de confiance, n'est-ce pas, mon général?

— Certainement !.. est-ce que vous me prendriez pour un voleur, maître Bourdin ?

— Ah ! par exemple, général !.. Je voulais dire qu'il n'y avait rien de grave là-dedans;

après tout, il n'y a pas de quoi fouetter un chat.

—Est-ce que j'ai l'air désespéré, mon brave?

— Pas du tout ; je ne vous ai jamais trouvé meilleure mine. Au fait, si vous êtes condamné, vous en aurez pour deux ou trois mois de prison et 25 francs d'amende... Je connais mon Code.

— Et ces deux ou trois mois de prison... j'obtiendrai, j'en suis sûr, de les passer bien à mon aise dans une maison de santé. J'ai un député dans ma manche.

— Oh ! alors... votre affaire est sûre.

— Tenez, Bourdin, aussi je ne peux m'empêcher de rire ; ces imbéciles qui m'ont fait mettre ici seront bien avancés, ils ne verront pas davantage un sou de l'argent qu'ils réclament. Ils me forcent de vendre ma charge, ça m'est égal, je suis censé la devoir à mon prédécesseur, comme vous dites. Vous voyez, c'est encore ces *Gogos*-là qui seront les dindons de la farce, comme dit *Robert-Macaire*.

— Mais ça me fait cet effet-là, général ; tant pis pour eux.

— Ah çà ! mon brave, venons au sujet qui m'a fait vous prier de venir me voir : il s'agit d'une mission délicate, d'une affaire de femme — dit maître Boulard avec une fatuité mystérieuse.

— Ah ! scélérat de général, je vous reconnais bien-là !.. de quoi s'agit-il ? comptez sur moi.

— Je m'intéresse particulièrement à une jeune artiste des Folies-Dramatiques ; je paie son terme, et, en échange, elle me paie de retour, du moins je le crois ; car, mon brave, vous le savez, souvent les absents ont tort. Or je tiendrais d'autant plus à savoir si *j'ai tort*, qu'Alexandrine, elle s'appelle Alexandrine, m'a fait demander quelques fonds... Je n'ai jamais été chiche avec les femmes ; mais, écoutez donc, je n'aime pas à être dindonné. Ainsi, avant de faire le libéral avec cette chère amie, je voudrais savoir si elle le mérite par sa fidélité. Je sais qu'il n'y a rien de plus rococo, de plus perruque, que la fidélité ; mais c'est un faible que j'ai comme ça. Vous me rendriez donc un service d'ami, mon cher camarade, si vous pouviez pendant quelques jours surveiller mes amours et me mettre à même de savoir à quoi m'en tenir, soit en faisant jaser la portière d'Alexandrine, soit...

— Suffit, mon général — répondit Bourdin en interrompant l'huissier ; — ceci n'est pas plus malin que de surveiller, épier et dépister un créancier. Reposez-vous sur moi; je saurai si mademoiselle Alexandrine donne des coups de canif dans le contrat, ce qui ne me paraît guère probable ; car, sans vous commander, mon général, vous êtes trop bel homme et trop généreux pour qu'on ne vous adore pas.

— J'ai beau être bel homme, je suis absent, mon cher camarade, et c'est un grand tort; enfin, je compte sur vous pour savoir la vérité.

— Vous la saurez, je vous en réponds.

— Ah ! mon cher camarade, comment vous exprimer ma reconnaissance ?

— Allons donc, mon général !

— Il est bien entendu, mon brave Bourdin, que dans cette circonstance-là vos honoraires seront ce qu'ils seraient pour une prise de corps.

— Mon général, je ne le souffrirai pas ; tant que j'ai exercé sous vos ordres, ne m'avez-vous pas toujours laissé tondre le débiteur jusqu'au vif, doubler, tripler les frais d'arrestation, frais dont vous poursuiviez ensuite le paiement avec autant d'activité que s'ils vous eussent été dus à vous-même?

— Mais, mon cher camarade, ceci est différent... et à mon tour je ne souffrirai pas...

— Mon général, vous m'humilieriez si vous ne me permettiez pas de vous offrir ces renseignements sur mademoiselle Alexandrine comme une faible preuve de ma reconnaissance...

— A la bonne heure; je ne lutterai pas plus long-temps avec vous de générosité. Au reste, votre dévouement me sera une douce récompense du *moelleux* que j'ai toujours mis dans nos relations d'affaires.

— C'est bien comme cela que je l'entends, mon général; mais ne pourrai-je pas vous être bon à autre chose? Vous devez être horriblement mal ici, vous qui tenez tant à vos aises? Vous êtes à la *pistole* (1), j'espère?

— Certainement, et je suis arrivé à temps, car j'ai eu la dernière chambre vacante, les autres sont comprises dans les réparations qu'on fait à la prison. Je me suis installé le mieux possible dans ma cellule; je n'y suis pas trop mal : j'ai un poêle, j'ai fait venir un bon fauteuil, je fais trois longs repas, je digère, je me promène et je dors... Sauf les inquiétudes que me donne Alexandrine, vous voyez que je ne suis pas trop à plaindre.

— Mais pour vous qui étiez si gourmand, général, les ressources de la prison sont bien maigres?

— Et le marchand de comestible qui est dans ma rue, n'a-t-il pas été créé comme qui dirait à mon intention? Je suis en compte ouvert avec lui, et tous les deux jours il m'envoie une bourriche soignée; et à ce propos, puisque vous êtes en train de me rendre service, priez donc la marchande, cette brave

(1) En chambre particulière. — Les prévenus qui peuvent faire cette dépense obtiennent cet avantage.

petite madame Michonneau, qui par parenthèse n'est pas piquée des vers...

— Ah! scélérat... scélératissime de général...

— Voyons, mon cher camarade, pas de mauvaises pensées — dit l'huissier avec une nuance de fatuité — je suis seulement bonne pratique et bon voisin. Donc, priez la chère madame Michonneau de mettre dans mon panier de demain un pâté de thon mariné... c'est la saison, ça me changera et ça fait boire...

— Excellente idée!..

— Et puisque madame Michonneau me renvoie un panier de vins *composé*, bourgogne, champagne et bordeaux, pareil au dernier, elle saura ce que ça veut dire... et qu'elle y ajoute deux bouteilles de son vieux cognac de 1817 et une livre de pur moka frais grillé et frais moulu.

— Je vais écrire la date de l'eau-de-vie pour ne rien oublier — dit Bourdin en tirant son carnet de sa poche.

— Puisque vous écrivez, mon cher camarade, ayez donc aussi la bonté de noter de demander chez moi mon édredon.

— Tout ceci sera exécuté à la lettre, mon général... soyez tranquille, me voilà un peu rassuré sur votre nourriture... Mais vos promenades, vous les faites pêle-mêle avec ces brigands de détenus?

— Oui, et c'est très-gai, très-animé; je descends de chez moi après déjeuner, je vais tantôt dans une cour, tantôt dans une autre, et, comme vous dites, je m'encanaille... C'est *Régence*..... c'est *Porcheron!* Je vous assure qu'au fond ils paraissent très-braves gens, il y en a de fort amusants. Les plus féroces sont rassemblés dans ce qu'on appelle la *Fosse aux Lions*. Ah! mon cher camarade, quelles figures patibulaires! Il y a entre autres un nommé le *Squelette;* je n'ai jamais rien vu de pareil.

— Quel drôle de nom!

— Il est si maigre ou plutôt si décharné, que ça n'est pas un sobriquet, je vous dis qu'il est effrayant; par là-dessus il est prévôt de sa chambrée; c'est bien le plus grand scélérat... il sort du bagne, et il a encore volé et assassiné; mais son dernier meurtre est si horrible, qu'il sait bien qu'il sera condamné à mort sans rémission, mais il s'en moque comme de Colin-Tampon.

— Quel bandit!..

— Tous les détenus l'admirent et tremblent devant lui. Je me suis mis tout de suite dans ses bonnes grâces en lui donnant des cigares; aussi il m'a pris en amitié et il m'apprend l'argot. Je fais des progrès.

— Ah! ah! quelle bonne farce! mon général qui apprend l'argot!

— Je vous dis que je m'amuse comme un bossu; ces gaillards-là m'adorent, il y en a même qui me tutoient... Je ne suis pas fier, moi, comme un petit monsieur nommé Germain, un va-nu-pieds qui n'a pas seulement le moyen d'être à la pistole, et qui se mêle de faire le dégoûté, le grand seigneur avec eux.

— Mais il doit être enchanté de trouver un homme aussi comme il faut que vous, pour causer avec lui, s'il est si dégoûté des autres?..

Bah! il n'a pas eu l'air seulement de remarquer qui j'étais; mais, l'eût-il remarqué, que je me serais bien gardé de répondre à ses avances. C'est la bête noire de la prison... Ils lui joueront tôt ou tard un mauvais tour, et je n'ai pardieu pas envie de partager l'aversion dont il est l'objet.

— Vous avez bien raison.

— Ça me gâterait ma récréation; car ma promenade avec les détenus est une véritable récréation... Seulement ces brigands-là n'ont pas grande opinion de moi, *moralement...* Vous comprenez ma prévention de simple abus de confiance... c'est une misère pour des gaillards pareils... Aussi ils me *regardent comme bien peu,* ainsi que dit Arnal.

— En effet, auprès de ces matadors de crimes... vous êtes...

— Un véritable agneau pascal, mon cher camarade... Ah çà ! puisque vous êtes si obligeant, n'oubliez pas mes commissions.

— Soyez tranquille, mon général :

1° Mademoiselle Alexandrine;

2° Le pâté de poisson et le panier de vin;

3° Le vieux cognac de 1817, le café en poudre et l'édredon... vous aurez tout cela... Il n'y a pas autre chose?

— Ah!.. si, j'oubliais... Vous savez bien où demeure M. Badinot?

— L'agent d'affaires? oui.

— Eh bien! veuillez lui dire que je compte toujours sur son obligeance pour me trouver un avocat comme il me le faut pour ma cause... que je ne regarderai pas à un billet de mille francs.

— Je verrai M. Badinot, soyez tranquille, mon général; ce soir toutes vos commissions seront faites, et demain vous recevrez ce que vous me demandez. A bientôt, et bon courage, mon général.

— Au revoir, mon cher camarade.

Et le détenu quitta le parloir d'un côté, le visiteur de l'autre.

. . . .

Maintenant comparez le crime de Pique-Vinaigre, récidiviste, au délit de maître Boulard, huissier.

Comparez le point de départ de tous deux et les raisons, les nécessités qui ont pu les pousser au mal.

Comparez enfin le châtiment qui les attend.

Sortant de prison, inspirant partout l'éloignement et la crainte, le libéré n'a pu exercer, dans la résidence qu'on lui avait assignée, le métier qu'il savait; il espérait se livrer à une profession dangereuse pour sa vie, mais appropriée à ses forces; cette ressource lui a manqué.

Alors il rompt son ban, revient à Paris, comptant y cacher plus facilement ses antécédents et trouver du travail.

Il arrive épuisé de fatigue, mourant de faim; par hasard il découvre qu'une somme d'argent est déposée dans une maison voisine, il cède à une détestable tentation, il force un volet, ouvre un meuble, vole cent francs et se sauve.

On l'arrête, il est prisonnier... Il sera jugé, condamné.

Comme récidiviste, quinze ou vingt ans de travaux forcés et l'exposition, voilà ce qui l'attend. Il le sait.

Cette peine formidable, il la mérite.

La propriété est sacrée. Celui qui, la nuit, brise votre porte pour s'emparer de votre avoir, doit subir un châtiment terrible.

En vain le coupable objectera-t-il le manque d'ouvrage, la misère, la position exceptionnelle, difficile, intolérable, le besoin que sa condition de libéré lui impose... Tant pis, la loi est une; la société, pour son salut et pour son repos, veut et doit être armée d'un pouvoir sans bornes, et impitoyablement réprimer ces attaques audacieuses contre le bien d'autrui.

Oui, ce misérable, ignorant et abruti, ce récidiviste corrompu et dédaigné a mérité son sort...

Mais que méritera donc celui qui, intelligent, riche, instruit, entouré de l'estime de tous, revêtu d'un caractère officiel, volera... non pas pour manger... mais pour satisfaire à de fastueux caprices ou pour tenter les chances de l'agiotage?

Volera, non pas cent francs... mais volera cent mille francs... un million?..

Volera, non pas la nuit, au péril de sa vie, mais volera tranquillement, au grand jour, à la face de tous?

Volera... non pas un inconnu qui aura mis son argent sous la sauvegarde d'une serrure...

mais volera un client qui aura mis *forcément* son argent sous la sauvegarde de la probité de l'officier public que la loi *désigne, impose à sa confiance?*..

Quel châtiment terrible méritera donc celui-là qui, au lieu de voler une petite somme presque par *nécessité*... volera par *luxe* une somme considérable?..

Ne serait-ce déjà pas une injustice criante de ne lui appliquer qu'une peine égale à celle qu'on applique au récidiviste poussé à bout par la misère, au vol par le besoin?

Allons donc, dira la loi...

Comment appliquer à un homme bien élevé la même peine qu'à un vagabond? Fi donc!..

Comparer un délit de bonne compagnie avec une ignoble effraction? Fi donc!..

Après tout, de quoi s'agit-il? — répondra, par exemple, maître Boulard d'accord avec la loi :

— « En vertu des pouvoirs que me confère mon office, j'ai touché pour vous une somme d'argent ; cette somme je l'ai dissipée, détournée, il n'en reste pas une obole ; mais n'allez pas croire que la misère m'ait poussé à cette spoliation ! Suis-je un mendiant, un nécessiteux ? Dieu merci, non, j'avais et j'ai de quoi vivre largement. Oh ! rassurez-vous, mes visées étaient plus hautes et plus fières... Muni de votre argent, je me suis audacieusement élancé dans la sphère éblouissante de la spéculation ; je pouvais doubler, tripler la somme à mon profit, si la fortune m'eût souri... malheureusement elle m'a été contraire, vous voyez bien que j'y perds autant que vous... »

Encore une fois — semble dire la loi — cette spoliation, leste, nette, preste et cavalière, faite au grand soleil, a-t-elle quelque chose de commun avec ces rapines nocturnes, ces bris de serrures, ces effractions de portes, ces fausses clefs, ces leviers, sauvage et grossier appareil de misérables voleurs du plus bas étage ?

Les crimes ne changent-ils pas de pénalité, même de nom, lorsqu'ils sont commis par certains privilégiés ?

Un malheureux dérobe un pain chez un boulanger, en cassant un carreau... une servante dérobe un mouchoir ou un louis à ses maîtres : cela, bien et dûment appelé vol avec circonstances aggravantes et infamantes, est du ressort de la cour d'assises.

Et cela est juste, surtout pour le dernier cas.

Le serviteur qui vole son maître est doublement coupable, il fait presque partie de la famille. La maison lui est ouverte à toute heure, il trahit indignement la confiance qu'on a en lui; c'est cette trahison que la loi frappe d'une condamnation infamante.

Encore une fois, rien de plus juste, de plus moral.

Mais qu'un huissier, mais qu'un officier public quelconque vous dérobe l'argent que vous avez forcément confié à sa qualité officielle, non-seulement ceci n'est plus assimilé au vol domestique ou au vol avec effraction, mais ceci n'est pas même qualifié vol par la loi.

— Comment?

Non, sans doute! vol... ce mot est par trop brutal... il sent trop son mauvais lieu... vol!.. fi donc! *abus de confiance*, à la bonne heure! c'est plus délicat, plus décent et plus en rapport avec la condition sociale, la considération de ceux qui sont exposés à commettre ce... délit! car cela s'appelle *délit... Crime* serait aussi trop brutal.

Et puis, distinction importante :

Le crime ressort de la cour d'assises...

L'abus de confiance, de la police correctionnelle.

O comble de l'équité! ô comble de la justice distributive! répétons-le : un serviteur vole un louis à son maître, un affamé brise un carreau pour voler un pain... voilà des crimes, vite aux assises.

Un officier public dissipe ou détourne un million, c'est un *abus de confiance...* un simple tribunal de police correctionnelle doit en connaître.

En fait, en droit, en raison, en logique, en humanité, en morale, cette effrayante différence entre les pénalités est-elle justifiée par la dissemblance de criminalité?

En quoi le vol domestique, puni d'une peine infamante, diffère-t-il de l'abus de confiance, puni d'une peine correctionnelle?

Est-ce parce que l'abus de confiance entraîne presque toujours la ruine des familles?

Qu'est-ce donc qu'un abus de confiance, sinon un vol domestique, mille fois aggravé par ses conséquences effrayantes et par le caractère officiel de celui qui le commet?

Ou bien encore, en quoi un vol avec effraction est-il plus coupable qu'un vol avec abus de confiance?

Comment! vous osez déclarer que la violation morale du serment de ne jamais forfaire à la confiance que la société est forcée d'avoir en vous, est moins criminelle que la violation matérielle d'une porte?

Oui, on l'ose...

Oui, la loi est ainsi faite...

Oui, plus les crimes sont graves, plus ils compromettent l'existence des familles, plus ils portent atteinte à la sécurité, à la morailté publique... moins ils sont punis.

De sorte que plus les coupables ont de lumières, d'intelligence, de bien-être et de considération, plus la loi se montre indulgente pour eux...

De sorte que la loi réserve ses peines les plus terribles, les plus infamantes pour des misérables qui ont, nous ne voudrions pas dire pour excuse... mais qui ont du moins pour prétexte l'ignorance, l'abrutissement, la misère où on les laisse plongés.

Cette partialité de la loi est barbare et profondément immorale.

Frappez impitoyablement le pauvre s'il attente au bien d'autrui, mais frappez impitoyablement aussi l'officier public qui attente au bien de ses clients.

Qu'on n'entende donc plus des avocats excuser, défendre et faire absoudre (car c'est absoudre que de condamner à si peu) des gens coupables de spoliations infâmes, par des raisons analogues à celles-ci :

« — Mon client ne nie pas avoir dissipé les sommes dont il s'agit; il sait dans quelle détresse affreuse son *abus de confiance* a plongé une honorable famille; mais que voulez-vous, mon client a l'esprit aventureux, il aime à courir les chances des entreprises audacieuses, et une fois qu'il est lancé dans les spéculations, une fois que la fièvre de l'agiotage le saisit, il ne fait plus aucune différence entre ce qui est à lui et ce qui est aux autres. »

Ce qui, on le voit, est parfaitement consolant pour ceux qui sont dépouillés et singulièrement rassurant pour ceux qui sont en position de l'être.

Il nous semble pourtant qu'un avocat serait assez mal venu en cour d'assises s'il présentait environ cette défense :

« — Mon client ne nie pas avoir crocheté un secrétaire pour y voler la somme dont il s'agit; mais que voulez-vous, il aime la bonne chère, il adore les femmes, il chérit le bien-être et le luxe; or une fois qu'il est dévoré de cette soif de plaisirs, il ne fait plus aucune différence entre ce qui est à lui et ce qui est aux autres. »

Et nous maintenons la comparaison exacte entre le voleur et le spoliateur. Celui-ci n'agiote que dans l'espoir du gain, et il ne désire ce gain que pour augmenter sa fortune ou ses jouissances.

Résumons notre pensée...

Nous voudrions que, grâce à une réforme législative, l'abus de confiance, commis par un officier public, fût qualifié vol et assimilé, pour le minimum de la peine, au vol domestique, et, pour le maximum, au vol avec effraction et récidive.

La compagnie à laquelle appartiendrait l'officier public serait responsable des sommes qu'il aurait volées en sa qualité de mandataire forcé et salarié.

Voici, du reste, un rapprochement qui servira de corollaire à cette digression.... Après les faits que nous allons citer, tout commentaire devient inutile.

Seulement on se demande si l'on vit dans une société civilisée ou dans un monde barbare.

On lit dans le *Bulletin des Tribunaux* du 17 février 1843, à propos d'un appel interjeté par un *huissier* condamné pour abus de confiance.

« La Cour, adoptant les motifs des premiers juges,

» Et attendu que les écrits produits pour la première fois devant la Cour, par le prévenu, sont impuissants pour détruire et même pour affaiblir les faits qui ont été constatés devant les premiers juges ;

» Attendu qu'il est prouvé que le prévenu, en sa qualité d'huissier, comme mandataire

4.

forcé et salarié, a reçu des sommes d'argent pour trois de ses clients ; que lorsque des demandes de la part de ceux-ci lui ont été adressées pour les obtenir, il a répondu à tous par des subterfuges et des mensonges ;

» Qu'enfin il a détourné et dissipé des sommes d'argent au préjudice de ses trois clients; qu'il a abusé de leur confiance et qu'il a commis le délit prévu et puni par les art. 408 et 406 du Code pénal, etc., etc. ;

» Confirme la condamnation à deux mois de prison et vingt-cinq francs d'amende. »

Quelques lignes plus bas, dans le même journal, on lisait le même jour :

« — Cinquante-trois ans de travaux forcés. — Le 13 septembre dernier, un vol de nuit fut commis avec escalade et effraction dans une maison habitée par les époux Bresson, marchands de vin au village d'Ivry.

» Des traces récentes attestaient qu'une échelle avait été appliquée contre le mur de la maison, et l'un des volets de la chambre dévalisée, donnant sur la rue, avait cédé sous l'effort d'une effraction vigoureuse.

» Les objets enlevés étaient en eux-mêmes

moins considérables par la valeur que par le nombre : c'étaient de mauvaises hardes, de vieux draps de lit, des chaussures éculées, deux casseroles trouées, et, pour tout énumérer, deux bouteilles d'absinthe blanche de Suisse.

» Ces faits, imputés au prévenu *Tellier*, ayant été pleinement justifiés aux débats, M. l'avocat-général a requis toute la sévérité de la loi contre l'accusé, à cause surtout de son *état particulier de récidive légale*.

» Aussi, le jury ayant rendu un verdict de culpabilité sur toutes les questions, sans circonstances atténuantes, la Cour a condamné Tellier en vingt années de travaux forcés et à l'exposition. »

Ainsi, pour l'officier public spoliateur : — deux mois de prison...

Pour le libéré récidiviste : — VINGT ANS DE TRAVAUX FORCÉS ET L'EXPOSITION.

Qu'ajouter à ces faits ?... Ils parlent d'eux-mêmes...

Quelles tristes et sérieuses réflexions (nous l'espérons du moins) ne soulèveront-ils pas...

. . . .

Fidèle à sa promesse, le vieux gardien avait été chercher Germain.

Lorsque l'huissier Boulard fut rentré dans l'intérieur de la prison, la porte du couloir s'ouvrit, Germain y entra, et Rigolette ne fut plus séparée de son pauvre protégé que par un léger grillage de fil de fer.

CHAPITRE III.

FRANÇOIS GERMAIN.

Les traits de Germain manquaient de régularité, mais on ne pouvait voir une figure plus intéressante; sa tournure était distinguée; sa taille svelte, ses vêtements simples, mais propres (un pantalon gris et une redingote noire boutonnée jusqu'au cou), ne se ressentaient en rien de l'incurie sordide où s'abandonnent généralement les prisonniers; ses mains blanches et nettes témoignaient d'un soin pour sa personne qui avait encore augmenté l'aversion des autres détenus à son égard; car la perversité morale se joint presque toujours à la saleté physique.

Ses cheveux châtains, naturellement bouclés, qu'il portait longs et séparés sur le côté du front, selon la mode du temps, encadraient sa figure pâle et abattue; ses yeux, d'un beau bleu, annonçaient la franchise et la bonté; son sourire, à la fois doux et triste, exprimait la bienveillance et une mélancolie habituelle; car, quoique bien jeune, ce malheureux avait été déjà cruellement éprouvé.

En un mot, rien de plus touchant que cette physionomie souffrante, affectueuse, résignée, comme aussi rien de plus honnête, de plus loyal que le cœur de ce jeune homme.

La cause même de son arrestation (en la dépouillant des aggravations calomnieuses dues à la haine de Jacques Ferrand) prouvait la bonté de Germain, et n'accusait qu'un moment d'entraînement et d'imprudence coupable sans doute, mais pardonnable, si l'on songe que le fils de madame Georges pouvait remplacer le lendemain matin la somme momentanément prise dans la caisse du notaire pour sauver Morel le lapidaire.

Germain rougit légèrement lorsqu'à travers le grillage du parloir il aperçut le frais et charmant visage de Rigolette.

Celle-ci, selon sa coutume, voulait paraître joyeuse, pour encourager et égayer un peu son protégé; mais la pauvre enfant dissimulait mal le chagrin et l'émotion qu'elle ressentait toujours dès son entrée dans la prison.

Assise sur un banc de l'autre côté de la grille, elle tenait sur ses genoux son cabas de paille.

Le vieux gardien, au lieu de rester dans le couloir, alla s'établir auprès d'un poêle à l'extrémité de la salle; au bout de quelques moments il s'endormit.

Germain et Rigolette purent donc causer en liberté.

— Voyons, monsieur Germain — dit la grisette en approchant le plus possible son gentil visage de la grille pour mieux examiner les traits de son ami — voyons si je serai contente de votre figure... Est-elle moins triste?.. Hum!.. hum... comme cela... prenez garde... je me fâcherai...

— Que vous êtes bonne!.. Venir encore aujourd'hui !

— Encore!.. mais c'est un reproche... cela.

— Ne devrais-je pas, en effet, vous reprocher de tant faire pour moi... pour moi qui ne peux rien... que vous dire merci?

— Erreur, monsieur; car je suis aussi heureuse que vous des visites que je vous fais. Ce serait donc à moi de vous dire merci à mon tour... Ah! ah! c'est là où je vous prends, monsieur l'injuste... Aussi j'aurais bien envie de vous punir de vos vilaines idées en ne vous donnant pas ce que je vous apporte.

— Encore une attention... Comme vous me gâtez!.. Oh! merci!.. Pardon, si je répète si souvent ce mot qui vous fâche!.. mais vous ne me laissez que cela à dire...

— D'abord vous ne savez pas ce que je vous apporte...

— Qu'est-ce que cela me fait?..

— Eh bien! vous êtes gentil...

— Quoi que ce soit, cela ne vient-il pas de vous? Votre bonté touchante ne me remplit-elle pas de reconnaissance... et d'...

Germain n'acheva pas et baissa les yeux.

— Et de quoi?.. — reprit Rigolette en rougissant.

— Et de... de dévouement — balbutia Germain.

— Pourquoi pas de respect tout de suite, comme à la fin d'une lettre... — dit Rigolette avec impatience. — Vous me trompez, ce n'est pas cela que vous vouliez dire... Vous vous êtes arrêté brusquement...

— Je vous assure...

— Vous m'assurez... vous m'assurez... je vous vois bien rougir à travers la grille... Est-ce que je ne suis pas votre petite amie, votre bonne camarade? Pourquoi me cacher quelque chose?.. Soyez donc franc avec moi, dites-moi tout — ajouta timidement la grisette; car elle n'attendait qu'un aveu de Germain pour lui dire naïvement, loyalement qu'elle l'aimait.

Honnête et généreux amour que le malheur de Germain avait fait naître.

— Je vous assure — reprit le prisonnier avec un soupir — que je n'ai voulu rien dire de plus... que je ne vous cache rien!

— Fi, le menteur! — s'écria Rigolette en frappant du pied. — Eh bien! vous voyez cette grande cravate de laine blanche que je vous apportais — elle la tira de son cabas; — pour vous punir d'être si dissimulé, vous ne l'aurez pas... je l'avais tricotée pour vous... Je m'étais dit : Il doit faire si froid, si humide, dans ces grandes cours de la prison, qu'au moins il sera bien chaudement garanti avec cela... Il est si frileux...

— Comment, vous?..

— Oui, monsieur, vous êtes frileux... — dit Rigolette en l'interrompant — je me le rappelle bien peut-être! ce qui ne vous empêchait pas de vouloir toujours, par délicatesse... m'empêcher de mettre du bois dans mon poêle, quand vous passiez la soirée avec moi... Oh! j'ai bonne mémoire.

— Et moi aussi... que trop bonne!.. — dit Germain d'une voix émue.

Et il passa sa main sur ses yeux.

— Allons, vous voilà encore à vous attrister, quoique je vous le défende.

— Comment voulez-vous que je ne sois pas touché aux larmes, quand je songe à tout ce que vous avez fait pour moi depuis mon séjour en prison?.. Et cette nouvelle attention n'est-elle pas charmante? Ne sais-je pas enfin que vous prenez sur vos nuits pour avoir le temps de venir me voir? à cause de moi, vous vous imposez un travail exagéré.

— C'est ça! plaignez-moi bien vite de faire tous les deux ou trois jours une jolie promenade pour venir visiter mes amis, moi qui adore marcher... C'est si amusant de regarder les boutiques tout le long du chemin!

— Et aujourd'hui, sortir par ce vent, par cette pluie!

— Raison de plus; vous n'avez pas idée des drôles de figures qu'on rencontre!!! Les uns retiennent leur chapeau à deux mains pour que l'ouragan ne l'emporte pas; les autres, pendant que leur parapluie fait la tulipe, font des grimaces incroyables en fermant les yeux pendant que la pluie leur fouette le visage... Tenez, ce matin, pendant toute ma route, c'était une vraie comédie... Je me promettais de vous faire rire en vous la racontant... Mais vous ne voulez pas seulement vous dérider un peu...

— Ce n'est pas ma faute... pardonnez-moi; mais les bonnes impressions que je vous dois tournent en attendrissement profond... Vous le savez, je n'ai pas le bonheur gai... c'est plus fort que moi...

Rigolette ne voulut pas laisser pénétrer que, malgré son gentil babil, elle était bien près de partager l'émotion de Germain ; elle se hâta de changer de conversation, et reprit :

— Vous dites toujours que c'est plus fort que vous; mais il y a encore bien des choses plus fortes que vous... que vous ne faites pas, quoique je vous en aie prié, supplié— ajouta Rigolette.

— De quoi voulez-vous parler ?

— De votre opiniâtreté à vous isoler toujours des autres prisonniers.. à ne jamais leur parler... Leur gardien vient encore de me dire que, dans votre intérêt, vous devriez prendre cela sur vous... Je suis sûre que vous n'en faites rien... Vous vous taisez?... Vous voyez bien, c'est toujours la même chose!.. Vous ne serez content que lorsque ces affreux hommes vous auront fait du mal !..

— C'est que vous ne savez pas l'horreur qu'ils m'inspirent... vous ne savez pas toutes les raisons personnelles que j'ai de fuir et d'exécrer eux et leurs pareils !

—Hélas! si, je crois les savoir, ces raisons... j'ai lu ces papiers que vous aviez écrits pour moi, et que j'ai été chercher chez vous après votre emprisonnement... Là j'ai appris les dangers que vous aviez courus à votre arrivée à Paris, parce que vous vous êtes refusé à vous associer, en province, aux crimes du scélérat qui vous avait élevé... C'est même à la suite du dernier guet-apens qu'il vous a tendu que, pour le dérouter, vous avez quitté la rue du Temple.... ne disant qu'à moi où vous alliez demeurer... Dans ces papiers-là.... j'ai aussi lu autre chose — ajouta Rigolette en rougissant de nouveau et en baissant les yeux; — j'ai lu des choses... que...

— Oh! que vous auriez toujours ignorées, je vous le jure — s'écria vivement Germain sans le malheur qui me frappe... Mais, je vous en supplie, soyez tout à fait généreuse; pardonnez-moi ces folies, oubliez-les; autrefois seulement il m'était permis de me complaire dans ces rêves, quoique bien insensés.

Rigolette venait une seconde fois de tâcher d'amener un aveu sur les lèvres de Germain, en faisant allusion aux pensées remplies de tendresse, de passion que celui-ci avait écrites jadis et dédiées au souvenir de la grisette; car, nous l'avons dit, il avait toujours ressenti pour elle un vif et sincère amour; mais pour jouir de l'intimité cordiale de sa gentille voisine, il avait caché cet amour sous les dehors de l'amitié.

Rendu par le malheur encore plus défiant et plus timide, il ne pouvait s'imaginer que Rigolette l'aimât d'amour, lui prisonnier, lui flétri d'une accusation terrible, tandis qu'avant les malheurs qui le frappaient elle ne lui témoignait qu'un attachement tout fraternel.

La grisette, se voyant si peu comprise, étouffa un soupir, attendant, espérant une occasion meilleure de dévoiler à Germain le fond de son cœur.

Elle reprit donc avec embarras :

— Mon Dieu! je comprends bien que la société de ces vilaines gens vous fasse horreur, mais ce n'est pas une raison pourtant pour braver des dangers inutiles.

— Je vous assure qu'afin de suivre vos recommandations, j'ai plusieurs fois tâché d'adresser la parole à ceux d'entre eux qui me semblaient moins criminels ; mais si vous saviez quel langage! quels hommes!

— Hélas! c'est vrai, cela doit être terrible...

— Ce qu'il y a de plus terrible encore, voyez-vous, c'est de m'apercevoir que je m'habitue peu à peu aux affreux entretiens que, malgré moi, j'entends toute la journée; oui, maintenant j'écoute avec une morne apathie des horreurs qui, pendant les premiers jours, me soulevaient d'indignation ; aussi, tenez, je commence à douter de moi — s'écria-t-il avec amertume.

— Oh! monsieur Germain, que dites-vous?

— A force de vivre dans ces horribles lieux, notre esprit finit par s'habituer aux pensées criminelles, comme notre oreille s'habitue aux paroles grossières qui retentissent continuellement autour de nous. Mon Dieu! mon Dieu! je comprends maintenant que l'on puisse entrer ici innocent, quoique accusé, et que l'on en sorte perverti...

— Oui, mais pas vous, pas vous?

— Si, moi, et d'autres valant mille fois mieux que moi. Hélas! ceux qui, avant le jugement, nous condamnent à cette odieuse fréquentation, ignorent donc ce qu'elle a de douloureux et de funeste !.. Ils ignorent donc qu'à la longue l'air que l'on respire ici devient contagieux... mortel à l'honneur !..

— Je vous en prie, ne parlez pas ainsi, vous me faites trop de chagrin.

— Vous me demandiez la cause de ma tristesse croissante, la voilà... Je ne voulais pas vous la dire... mais je n'ai qu'un moyen de reconnaître votre pitié pour moi.

— Ma pitié... ma pitié...

— Oui, c'est de ne vous rien cacher... Eh bien ! je vous l'avoue avec effroi... je ne me reconnais plus...: j'ai beau mépriser, fuir ces misérables, leur présence, leur contact agit sur moi... malgré moi... On dirait qu'ils ont la fatale puissance de vicier l'atmosphère où ils vivent... Il me semble que je sens la corruption me gagner par tous les pores... Si l'on m'absolvait de la faute que j'ai commise, la vue, les relations des honnêtes gens me rempliraient de confusion et de honte. Je n'en suis pas encore à me plaire au milieu de mes compagnons; mais j'en suis venu à redouter le jour où je me retrouverai au milieu de personnes honorables... Et cela, parce que j'ai la conscience de ma faiblesse...

— De votre faiblesse?..

— De ma lâcheté...

— De votre lâcheté?.. mais quelles idées injustes avez-vous donc de vous-même, mon Dieu?

— Eh! n'est-ce pas être lâche et coupable que de composer avec ses devoirs, avec la probité?.. et cela, je l'ai fait.

— Vous! vous!

— Moi! En entrant ici... je ne m'abusais pas sur la grandeur de ma faute... tout excusable qu'elle était peut-être. Eh bien! maintenant elle me paraît moindre; à force d'entendre ces voleurs et ces meurtriers parler de leurs crimes avec des railleries cyniques ou un orgueil féroce, je me surprends quelquefois à envier leur audacieuse indifférence et à me railler amèrement des remords dont je suis tourmenté pour un délit si insignifiant... comparé à leurs forfaits...

— Mais vous avez raison! votre action, loin d'être blâmable, est généreuse; vous étiez sûr de pouvoir le lendemain matin rendre l'argent que vous preniez seulement pour quelques heures, afin de sauver une famille entière de la ruine, de la mort, peut-être.

— Il n'importe, aux yeux de la loi, aux yeux des honnêtes gens, c'est un vol. Sans doute il est moins mal de voler dans un tel but que dans tel autre; mais, voyez-vous, cela est un symptôme funeste que d'être obligé, pour s'excuser à ses propres yeux, de regarder au-dessous de soi... Je ne puis plus m'égaler aux gens sans tache... Me voici déjà forcé de me comparer aux gens dégradés avec lesquels je vis. Aussi, à la longue... je m'en aperçois bien, la conscience s'engourdit, s'endurcit... Demain, je commettrais un vol, non pas avec la certitude de pouvoir restituer la somme que j'aurais dérobée dans un but louable, mais je volerais par cupidité, que je me croirais sans doute encore innocent, en me comparant à celui qui tue pour voler... Et pourtant, à cette heure, il y a autant de distance entre moi et un assassin, qu'il y en a entre moi et un homme irréprochable... Ainsi, parce qu'il est des êtres mille fois plus dégradés que moi, ma dégradation va s'amoindrir à mes yeux! Au lieu de pouvoir dire comme autrefois : Je suis aussi honnête que le plus honnête homme, je me consolerai en disant : Je suis le moins dégradé des misérables parmi lesquels je suis destiné à vivre toujours!

— Toujours? Mais une fois sorti d'ici?..

— Eh! j'aurai beau être acquitté, ces gens-là me connaissent; à leur sortie de prison, s'ils me rencontrent, ils me parleront comme à leur ancien compagnon de geôle. Si l'on ignore la juste accusation qui m'a conduit aux assises, ces misérables me menaceront de la divulguer. Vous le voyez donc bien, des liens maudits et maintenant indissolubles m'attachent à eux... tandis que, enfermé seul dans ma cellule jusqu'au jour de mon jugement, inconnu d'eux comme ils eussent été inconnus de moi, je n'aurais pas été assailli de ces craintes qui peuvent paralyser les meilleures résolutions... Et puis, seul à seul avec la pensée de ma faute, elle eût grandi au lieu de diminuer à mes yeux; plus elle m'aurait paru grave, plus l'expiation que je me serais imposée dans l'avenir eût été grave... Aussi, plus j'aurais eu à me faire pardonner, plus dans ma pauvre sphère j'aurais tâché de faire le bien... Car il faut cent bonnes actions pour en expier une mauvaise... Mais songerai-je jamais à expier ce qui à cette heure me cause à peine un remords?... Tenez... je le sens, j'obéis à une irrésistible influence, contre laquelle j'ai long-temps lutté de toutes mes forces; on m'avait élevé pour le mal, je cède à mon destin : après tout, isolé, sans famille... qu'importe que ma destinée s'accomplisse honnête ou criminelle!.. Et pourtant... mes intentions étaient bonnes et pures... Par cela même qu'on avait voulu faire de moi un infâme, j'éprouvais une satisfaction profonde à me dire : Je n'ai jamais failli à l'honneur, et cela m'a été peut-être plus difficile qu'à tout autre... Et aujourd'hui... Ah! cela est affreux... affreux...

S'écria le prisonnier avec une explosion de sanglots si déchirants, que Rigolette, profondément émue, ne put retenir ses larmes.

C'est qu'aussi l'expression de la physionomie de Germain était navrante ; c'est que l'on ne pouvait s'empêcher de sympathiser à ce désespoir d'un homme de cœur qui se débattait contre les atteintes d'une contagion fatale, dont sa délicatesse exagérait encore le danger si menaçant.

Oui, le danger menaçant!

Nous n'oublierons jamais ces paroles d'un homme d'une rare intelligence, auxquelles une expérience de vingt années passées dans l'administration des prisons donnait tant de poids :

« En admettant qu'injustement accusé l'on entre complétement pur dans une prison, on en sortira toujours moins honnête qu'on n'y est entré; ce qu'on pourrait appeler la *première fleur de l'honorabilité disparaît à jamais au seul contact de cet air corrosif...* »

Disons pourtant que Germain, grâce à sa probité saine et robuste, avait long-temps et victorieusement lutté, et qu'il pressentait plutôt les approches de la maladie qu'il ne l'éprouvait réellement.

Ses craintes de voir sa faute s'amoindrir à ses propres yeux prouvaient qu'à cette heure encore il en sentait toute la gravité; mais le trouble, mais l'appréhension, mais les doutes qui agitaient cruellement cette âme honnête et généreuse n'en étaient pas moins des symptômes alarmants.

Guidée par la droiture de son esprit, par sa sagacité de femme et par l'instinct de son amour, Rigolette devina ce que nous venons de dire.

Quoique bien convaincue que son ami n'avait encore rien perdu de sa délicate probité, elle craignait que, malgré l'excellence de son naturel, Germain ne fût un jour indifférent à ce qui le tourmentait alors si cruellement.

CHAPITRE IV.

RIGOLETTE.

... Si assuré que soit le bonheur dont on jouit, on serait quelquefois tenté de désirer des *malheurs impossibles*, pour contempler avec reconnaissance et vénération la noble grandeur de certains dévouements......
(*Wolfrang*, — L'ESPRIT-SAINT, liv. II.)

Rigolette, essuyant ses larmes et s'adressant à Germain dont le front était appuyé sur la grille, lui dit avec un accent touchant, sérieux, presque solennel, qu'il ne lui connaissait pas encore :

— Écoutez-moi, Germain, je m'exprimerai peut-être mal, je ne parle pas aussi bien que vous; mais ce que je vous dirai sera juste et sincère... D'abord vous avez tort de vous plaindre d'être isolé, abandonné...

— Oh! ne pensez pas que j'oublie jamais ce que votre pitié pour moi vous inspire!..

— Tout à l'heure je ne vous ai pas interrompu quand vous avez parlé de *pitié*... mais puisque vous répétez ce mot... je dois vous dire que ce n'est pas du tout de la pitié que je ressens pour vous... Je vais vous expliquer cela de mon mieux...

Quand nous étions voisins, je vous aimais comme un bon frère, comme un bon camarade; vous me rendiez de petits services, je vous en rendais d'autres; vous me faisiez partager vos amusements du dimanche, je tâchais d'être bien gaie, bien gentille pour vous en remercier... nous étions quittes.

— Quittes! oh non... je...

— Laissez-moi parler à mon tour... Quand vous avez été forcé de quitter la maison que nous habitions... votre départ m'a fait plus de peine que celui de mes autres voisins.

— Il serait vrai?..

— Oui, parce qu'eux autres étaient des sans-souci à qui certainement je devais manquer bien moins qu'à vous, et puis ils ne s'étaient résignés à devenir mes camarades qu'après s'être fait cent fois répéter par moi qu'ils ne seraient jamais autre chose... Tandis que vous... vous avez tout de suite deviné ce que nous devions être l'un pour l'autre.

Malgré ça, vous passiez auprès de moi tout le temps dont vous pouviez disposer... vous m'avez appris à écrire... vous m'avez donné de bons conseils, un peu sérieux, parce qu'ils étaient bons; enfin vous avez été le plus dévoué de mes voisins... et le seul qui ne m'ayez rien demandé... pour la peine... Ce n'est pas tout : en quittant la maison, vous m'avez donné une grande preuve de confiance... vous voir confier un secret si important à une petite fille comme moi, dame... ça m'a rendue fière... Aussi, quand je me suis séparée de vous, votre souvenir m'était toujours bien plus présent que celui de mes autres voisins... Ce que je vous dis là est vrai... vous le savez, je ne mens jamais.

— Il serait possible!.. vous auriez fait cette différence entre moi... et les autres?..

— Certainement, je l'ai faite, sinon j'aurais eu un mauvais cœur... Oui, je me disais : Il n'y a rien de meilleur que M. Germain; seulement il est un peu sérieux... mais c'est égal, si j'avais une amie qui voulût se marier pour être bien, bien heureuse, certainement je lui conseillerais d'épouser M. Germain... car il serait le paradis d'une bonne petite ménagère.

— Vous pensez à moi!.. pour une autre... — ne put s'empêcher de dire tristement Germain.

— C'est vrai; j'aurais été ravie de vous voir faire un heureux mariage, puisque je vous aimais comme un bon camarade. Vous voyez, je suis franche, je vous dis tout.

— Et je vous en remercie du fond de l'âme; c'est une consolation pour moi d'apprendre que parmi vos amis j'étais celui que vous préfériez.

— Voilà où en étaient les choses lorsque vos malheurs sont arrivés... C'est alors que j'ai reçu cette pauvre et bonne lettre où vous m'instruisiez de ce que vous appelez votre faute, faute... que je trouve, moi qui ne suis pas savante, une belle et bonne action; c'est alors que vous m'avez demandé d'aller chez vous chercher ces papiers qui m'ont appris que vous m'aviez toujours aimée d'amour sans oser me le dire. Ces papiers où j'ai lu — et Rigolette ne put retenir ses larmes — que, songeant à mon avenir, qu'une maladie ou le manque d'ouvrage pouvait rendre si pénible, vous me laissiez, si vous mourrez de mort violente, comme vous pouviez le craindre... vous me laissiez le peu que vous aviez acquis à force de travail et d'économie...

— Oui, car si de mon vivant vous vous étiez trouvée sans travail ou malade... c'est à moi, plutôt qu'à tout autre, que vous vous seriez adressée, n'est-ce pas? j'y comptais bien! dites? dites?.. Je ne me suis pas trompé, n'est-ce pas?

— Mais c'est tout simple, à qui auriez-vous voulu que je m'adresse?

— Oh! tenez, voilà de ces paroles qui font du bien, qui consolent de bien des chagrins!

— Moi, je ne peux pas vous exprimer ce que j'ai éprouvé en lisant... quel triste mot!.. ce *testament* dont chaque ligne contenait un souvenir pour moi ou une pensée pour mon avenir; et pourtant je ne devais connaître ces preuves de votre attachement que lorsque vous n'existeriez plus... Dame, que voulez-vous? après une conduite si généreuse, on s'étonne que l'amour vienne tout d'un coup!.. c'est pourtant bien naturel... n'est-ce pas, monsieur Germain?

La jeune fille dit ces derniers mots avec une naïveté si touchante et si franche, en attachant ses grands yeux noirs sur ceux de Germain, que celui-ci ne comprit pas tout d'abord, tant il était loin de se croire aimé d'amour par Rigolette.

Pourtant ces paroles étaient si précises, que leur écho retentit au fond de l'âme du prisonnier; il rougit, pâlit tour à tour, et s'écria :

— Que dites-vous? Je crains... oh! mon Dieu... je me trompe peut-être... je...

— Je dis que du moment où je vous ai vu si bon pour moi, et où je vous ai vu si malheureux, je vous ai aimé autrement qu'un camarade, et que si maintenant une de mes amies voulait se marier... — dit Rigolette en souriant et en rougissant — ce n'est plus vous que je lui conseillerais d'épouser... monsieur Germain.

— Vous m'aimez!.. vous m'aimez!..

— Il faut bien que je vous le dise de moi-même... puisque vous ne me le demandez pas.

— Il serait possible!

— Ce n'est pourtant pas faute de vous avoir par deux fois mis sur la voie, pour vous le faire comprendre... Mais bon, monsieur ne veut pas entendre à demi-mot, il me force à lui avouer ces choses-là... C'est mal peut-être... mais comme il n'y a que vous qui puissiez me gronder de mon effronterie, j'ai moins peur;... et puis — ajouta Rigolette d'un ton plus sérieux et avec une tendre émotion — tout à l'heure vous m'avez paru si accablé, si désespéré, que je n'y ai pas tenu; j'ai eu l'amour-propre de croire que cet aveu, fait franchement et du fond du cœur, vous empêcherait d'être malheureux à l'avenir... Je me suis dit : Jusqu'à présent, je n'ai pas eu la chance dans mes efforts pour le distraire ou pour le consoler; mes friandises lui ôtaient l'appétit, ma gaîté le faisait pleurer; cette fois du moins... ah! mon Dieu... qu'avez-vous? — s'écria Rigolette, en voyant Germain cacher sa figure dans ses mains. — Là! voyez si ce n'est pas cruel! — s'écria-t-elle — quoi que je fasse, quoi que je dise... vous restez aussi malheureux; c'est être par trop méchant et par trop égoïste aussi!.. on dirait qu'il n'y a que vous qui souffriez de vos chagrins!

— Hélas!.. quel malheur est le mien!!! — s'écria Germain avec désespoir. — Vous m'aimez... lorsque je ne suis plus digne de vous!

— Plus digne de moi? Mais ça n'a pas le bon sens ce que vous dites-là... C'est comme si je disais qu'autrefois je n'étais pas digne de votre amitié, parce que j'avais été en prison... car, après tout, moi aussi j'ai été prisonnière... en suis-je moins honnête fille?..

— Mais vous êtes allée en prison parce que vous étiez une pauvre enfant abandonnée... tandis que moi!.. mon Dieu... quelle différence!

— Enfin, quant à la prison, nous n'avons rien à nous reprocher... toujours!!! C'est plutôt moi qui suis une ambitieuse... car, dans mon état, je ne devrais penser qu'à me marier avec un ouvrier... Je suis un enfant trouvé... je ne possède rien que ma petite chambre et mon bon courage... pourtant je viens hardiment vous proposer de me prendre pour femme!

— Hélas! autrefois ce sort eût été le rêve, le bonheur de ma vie!.. mais à cette heure... moi... sous le coup d'une accusation infamante... j'abuserais de votre admirable générosité... de votre pitié qui vous égare peut-être!.. non... non.

— Mais, mon Dieu! mon Dieu! — s'écria Rigolette avec une impatience douloureuse — je vous dis que ce n'est pas de la pitié que j'ai pour vous! c'est de l'amour... Je ne songe qu'à vous! je ne dors plus, je ne mange plus... Votre triste et doux visage me suit partout... Est-ce de la pitié, cela?.. Maintenant, quand vous me parlez, votre voix, votre regard me vont au cœur... Il y a mille choses en vous qui, à cette heure, me plaisent à la folie, et que je n'avais pas remarquées... J'aime votre figure, j'aime vos yeux, j'aime votre tournure, j'aime votre esprit, j'aime votre bon cœur.., est-ce encore de la pitié, cela?.. Pourquoi, après vous avoir aimé en ami, vous aimé-je en amant?.. je n'en sais rien! pourquoi étais-je folle et gaie quand je vous aimais en ami... pourquoi suis-je tout absorbée depuis que je vous aime en amant?.. je n'en sais rien...

Pourquoi ai-je attendu si tard pour vous trouver à la fois beau et bon... pour vous aimer à la fois des yeux et du cœur?.. je n'en sais rien... ou plutôt, si... je le sais... c'est que j'ai découvert combien vous m'aimiez sans me l'avoir jamais dit, combien vous étiez généreux et dévoué... Alors l'amour m'a monté du cœur aux yeux, comme y monte une douce larme quand on est attendri.

— Vraiment, je crois rêver en vous entendant parler ainsi...

— Et moi, donc! je n'aurais jamais cru pouvoir oser vous dire tout cela; mais votre désespoir m'y a forcée! Eh bien! monsieur, maintenant que vous savez que je vous aime comme mon ami! comme mon amant! comme mon mari!.. direz-vous encore que c'est de la pitié?

Les généreux scrupules de Germain tombèrent un moment devant cet aveu si naïf et si vaillant.

Une joie inespérée le ravit à ses douloureuses préoccupations.

— Vous m'aimez! — s'écria-t-il. — Je vous crois, votre accent, votre regard, tout me le dit! Je ne veux pas me demander comment j'ai mérité un pareil bonheur, je m'y abandonne aveuglément... Ma vie, ma vie entière ne suffira pas à m'acquitter envers vous! Ah! j'ai bien souffert déjà... mais ce moment efface tout!

— Enfin... vous voilà consolé... Oh! j'étais bien sûre, moi, que j'y parviendrais! — s'écria Rigolette avec un élan de joie charmante.

— Et c'est au milieu des horreurs d'une prison, et c'est lorsque tout m'accable, qu'une telle félicité...

Germain ne put achever...

Cette pensée lui rappelait la réalité de sa position; ses scrupules un moment oubliés revinrent plus cruels que jamais, et il reprit avec désespoir :

— Mais je suis prisonnier... mais je suis accusé de vol..... mais je serai condamné, déshonoré peut-être!.. et j'accepterais votre valeureux sacrifice... je profiterais de votre généreuse exaltation... Oh non! non! je ne suis pas assez infâme pour cela !

— Que dites-vous?

— Je puis être condamné... à des années de prison...

— Eh bien ! — répondit Rigolette avec calme et fermeté — on verra que je suis une honnête fille, on ne nous refusera pas de nous marier dans la chapelle de la prison...

— Mais je puis être emprisonné loin de Paris...

— Une fois votre femme, je vous suivrai; je m'établirai dans la ville où vous serez; j'y trouverai de l'ouvrage, et je viendrai vous voir tous les jours !

— Mais je serai flétri aux yeux de tous...

— Vous m'aimez plus que tous, n'est-ce pas ?..

— Pouvez-vous me le demander?..

— Alors que vous importe?.. Loin d'être flétri à mes yeux, je vous regarderai, moi, comme le martyr de votre bon cœur.

— Mais le monde vous accusera, le monde condamnera, calomniera votre choix...

— Le monde ! c'est vous pour moi, et moi pour vous; nous laisserons dire...

— Enfin, en sortant de prison, ma vie sera précaire, misérable ; repoussé de partout, peut-être ne trouverai-je pas d'emploi!.. et puis, cela est horrible à penser, mais si cette corruption que je redoute allait malgré moi me gagner... quel avenir pour vous!

— Vous ne vous corromprez pas; non, car maintenant vous savez que je vous aime, et cette pensée vous donnera la force de résister aux mauvais exemples... vous songerez qu'alors même que tous vous repousseraient en sortant de prison, votre femme vous accueillera avec amour et reconnaissance, bien certaine que vous serez resté honnête homme... Ce langage vous étonne, n'est-ce pas? il m'étonne moi-même... Je ne sais pas où je vais chercher ce que je vous dis... c'est au fond de mon âme assurément... et cela doit vous convaincre... sinon, si vous dédaigniez une offre qui vous est faite de tout cœur... si vous ne vouliez pas de l'attachement d'une pauvre fille qui ne...

Germain interrompit Rigolette avec une ivresse passionnée.

— Eh bien! j'accepte... j'accepte; oui, je le sens, il est quelquefois lâche de refuser certains sacrifices, c'est reconnaître qu'on en est indigne..... J'accepte, noble et courageuse fille.

— Bien vrai? bien vrai, cette fois?..

— Je vous le jure... et puis, vous m'avez dit d'ailleurs quelque chose qui m'a frappé, qui m'a donné le courage qui me manquait.

— Quel bonheur! et qu'ai-je dit?

— Que pour vous je devrai désormais rester honnête homme... Oui, dans cette pensée je trouverai la force de résister aux détestables influences qui m'entourent... Je braverai la contagion, et je saurai conserver digne de votre amour ce cœur qui vous appartient!

— Ah! Germain, que je suis heureuse! si j'ai fait quelque chose pour vous, comme vous me récompensez!!!

— Et puis, voyez-vous, quoique vous excusiez ma faute, je n'oublierai pas sa gravité... Ma tâche à l'avenir sera double : expier le passé et mériter le bonheur que je vous dois... pour cela, je ferai le bien... car, si pauvre que l'on soit, l'occasion ne manque jamais.

— Hélas! mon Dieu! c'est vrai, on trouve toujours plus malheureux que soi.

— A défaut d'argent...

— On donne des larmes, ce que je faisais pour ces pauvres Morel...

— Et c'est une sainte aumône : *La charité de l'âme vaut bien celle qui donne du pain.*

— Enfin vous acceptez... vous ne vous dédirez pas?..

— Oh! jamais, jamais, mon amie, ma femme, oui, le courage me revient, il me semble sortir d'un songe, je ne doute plus de moi-même, je m'abusais; heureusement je m'abusais. Mon cœur ne battrait pas comme il bat, s'il avait perdu de sa noble énergie.

— Oh! Germain, que vous êtes beau en parlant ainsi! combien vous me rassurez, non pour moi, mais pour vous-même! Ainsi, vous me le promettez, n'est-ce pas, maintenant que vous avez mon amour pour vous défendre, vous ne craindrez plus de parler à ces méchants hommes, afin de ne pas exciter leur colère contre vous?

— Rassurez-vous... En me voyant triste et accablé, ils m'accuseraient sans doute d'être en proie à mes remords; et en me voyant fier et joyeux, ils croiront que leur cynisme m'a gagné...

— C'est vrai; ils ne vous soupçonneront plus, et je serai tranquille... Ainsi, pas d'imprudence... maintenant vous m'appartenez... je suis votre petite femme?

A ce moment le gardien fit un mouvement; il s'éveillait.

— Vite! — dit tout bas Rigolette avec un sourire plein de grâce et de pudique tendresse... — Vite, mon mari, donnez-moi un beau baiser sur le front, à travers la grille... ce seront nos fiançailles.

Et la jeune fille, rougissant, appuya son front sur le treillis de fer.

Germain, profondément ému, effleura de ses lèvres, à travers le grillage, ce front pur et blanc.

Une larme du prisonnier y roula comme une perle humide...

Touchant baptême de cet amour chaste, mélancolique et charmant!

. . . .

— Oh! oh! déjà trois heures! — dit le gardien en se levant — et les visiteurs doivent être partis à deux... Allons, ma chère demoiselle

— ajouta-t-il en s'adressant à la grisette —
— c'est dommage, mais il faut partir...

— Oh! merci, merci, monsieur, de nous avoir ainsi laissés causer seuls... J'ai donné bon courage à Germain; il prendra sur lui pour n'avoir plus l'air si chagrin, et il n'aura plus rien à craindre de ses méchants compagnons. N'est-ce pas, mon ami?

— Soyez tranquille... — dit Germain en souriant — je serai à l'avenir le plus gai de la prison...

— A la bonne heure, alors ils ne feront plus attention à vous — dit le gardien.

— Voilà une cravate que j'ai apportée à Germain, monsieur — reprit Rigolette; — faut-il la déposer au greffe?

— C'est l'usage; mais, après tout, pendant que je suis en dehors du règlement, une petite chose de plus ou de moins... Allons, faites la journée complète... donnez-lui vite votre cadeau vous-même.

Et le gardien ouvrit la porte du couloir.

— Ce brave homme a raison, la journée sera complète — dit Germain en recevant la cravate des mains de Rigolette qu'il serra tendrement. — Adieu, et à bientôt. Maintenant je n'ai plus peur de vous demander de venir me voir le plus tôt possible...

— Ni moi de vous le promettre.... Adieu, bon Germain.

— Adieu, ma bonne petite amie...

— Et servez-vous bien de ma cravate, craignez d'avoir froid, il fait si humide!..

— Quelle jolie cravate! Quand je pense que vous l'avez faite pour moi! Oh! je ne la quitterai pas — dit Germain en la portant à ses lèvres...

— Ah çà! maintenant, vous allez avoir de l'appétit, j'espère? Voulez-vous que je vous fasse mon petit régal?

— Certainement, et cette fois j'y ferai honneur...

— Soyez tranquille alors, monsieur le gourmand, vous m'en direz des nouvelles. Allons, encore adieu... Merci, monsieur le gardien, aujourd'hui je m'en vais bien heureuse et bien rassurée. Adieu, Germain...

— Adieu, ma petite femme.... à bientôt!...

— A toujours!..

Quelques minutes après, Rigolette, ayant bravement repris ses socques et son parapluie, sortait de la prison plus allègrement qu'elle n'y était entrée.

Pendant l'entretien de Germain et de la grisette, d'autres scènes s'étaient passées dans une des cours de la prison, où nous conduirons le lecteur.

CHAPITRE V.

LA FOSSE-AUX-LIONS.

Si l'aspect matériel d'une vaste maison de détention, construite dans toutes les conditions de bien-être et de salubrité que réclame l'humanité, n'offre au regard, nous l'avons dit, rien de sinistre, la vue des prisonniers cause une impression contraire.

L'on est ordinairement saisi de tristesse et de pitié, lorsqu'on se trouve au milieu d'un rassemblement de femmes prisonnières, en songeant que ces infortunées sont presque toujours poussées au mal moins par leur propre volonté que par la pernicieuse influence du premier homme qui les a séduites.

Et puis encore les femmes les plus criminelles conservent au fond de l'âme deux cordes saintes que les violents ébranlements des passions les plus détestables, les plus fougueuses, ne brisent jamais entièrement... L'AMOUR ET LA MATERNITÉ!

Parler d'amour et de maternité, c'est dire que, chez ces misérables créatures, de pures et douces lueurs peuvent encore éclairer çà et là les noires ténèbres d'une corruption profonde...

Mais chez les hommes tels que la prison les fait et les rejette dans le monde... rien de semblable.

C'est le crime d'un seul jet... c'est un bloc d'airain qui ne rougit plus qu'au feu des passions infernales.

Aussi, à la vue des criminels qui encombrent les prisons, on est d'abord saisi d'un frisson d'épouvante et d'horreur.

La réflexion seule vous ramène à des pensées plus pitoyables, mais d'une grande amertume.

Oui, d'une grande amertume... car on réfléchit que les sinistres populations des geôles... et des bagnes... que la sanglante moisson du bourreau... germent toujours dans la fange de l'ignorance, de la misère et de l'abrutissement.

Pour comprendre cette première impression d'horreur et d'épouvante dont nous parlons, que le lecteur nous suive dans la *Fosse-aux-Lions*.

L'une des cours de la *Force* s'appelle ainsi.

Là, sont ordinairement réunis les détenus les plus dangereux par leurs antécédents, par leur férocité ou par la gravité des accusations qui pèsent sur eux.

Néanmoins on avait été obligé de leur adjoindre temporairement, par suite de travaux d'urgence entrepris dans un des bâtiments de la *Force*, plusieurs autres prisonniers.

Ceux-ci, quoique également justiciables de la cour d'assises, étaient presque des gens de bien, comparés aux hôtes habituels de la *Fosse-aux-Lions*.

Le ciel sombre, gris et pluvieux, jetait un jour morne sur la scène que nous allons dépeindre. Elle se passait au milieu d'une cour, assez vaste quadrilatère formée par de hautes murailles blanches, percées çà et là de quelques fenêtres grillées.

A l'un des bouts de cette cour, on voyait une étroite porte guichetée; à l'autre bout, l'entrée du *chauffoir*, grande salle dallée, au milieu de laquelle était un calorifère de fonte entouré de bancs de bois, où se tenaient paresseusement étendus plusieurs prisonniers devisant entre eux.

D'autres, préférant l'exercice au repos, se promenaient dans le préau, marchant en rangs pressés, par quatre ou cinq de front, se tenant par le bras.

Il faudrait posséder l'énergique et sombre pinceau de Salvator ou de Goya pour esquisser ces divers spécimens de laideur physique et morale, pour rendre dans sa hideuse fantaisie la variété de costumes de ces malheureux, couverts pour la plupart de vêtements misérables; car n'étant que *prévenus*, c'est-à-dire *supposés innocents*, ils ne revêtaient pas l'habit uniforme des maisons centrales; quelques-uns pourtant le portaient; car à leur entrée en prison, leurs haillons avaient paru si sordides, si infects, qu'après le bain d'usage (1)

(1) Par une excellente mesure hygiénique d'ailleurs, chaque prisonnier est, à son arrivée, et ensuite deux fois par

on leur avait donné la casaque et le pantalon de gros drap gris des condamnés.

Un phrénologiste aurait attentivement observé ces figures hâves et tannées, aux fronts aplatis ou écrasés, aux regards cruels ou insidieux, à la bouche méchante ou stupide, à la nuque énorme; presque toutes offraient d'effrayantes ressemblances bestiales.

Sur les traits rusés de celui-là, on retrouvait la perfide subtilité du renard; chez celui-ci, la rapacité sanguinaire de l'oiseau de proie; chez cet autre, la férocité du tigre; ailleurs enfin l'animale stupidité de la brute.

La marche circulaire de cette bande d'êtres silencieux, aux regards hardis et haineux, au rire insolent et cynique, se pressant les uns contre les autres, au fond de cette cour, espèce de puits carré, avait quelque chose d'étrangement sinistre...

On frémissait en songeant que cette horde féroce serait, dans un temps donné, de nou-

---

mois, conduit à la salle de bains de la prison; puis on soumet ses vêtements à une fumigation sanitaire. — Pour un artisan un bain chaud est une recherche d'un luxe inouï.

veau lâchée parmi ce monde auquel elle avait déclaré une guerre implacable.

Que de vengeances sanguinaires, que de projets meurtriers couvent toujours sous ces apparences de perversité railleuse et effrontée!!!

Esquissons quelques-unes des physionomies saillantes de la Fosse-aux-Lions; laissons les autres sur le second plan.

Pendant qu'un gardien surveillait les promeneurs, une sorte de conciliabule se tenait dans le chauffoir.

Parmi les détenus qui y assistaient, nous retrouverons Barbillon et Nicolas Martial, dont nous parlerons seulement pour mémoire.

Celui qui paraissait, ainsi que cela se dit, *présider et conduire* la discussion, était un détenu surnommé le *Squelette* (1), dont on a plu-

(1) A ce propos nous éprouvons un scrupule. Cette année un pauvre diable, seulement coupable de vagabondage, et nommé Decure, a été condamné à un mois de prison; il exerçait en effet, dans une foire, le métier de *squelette ambulant*, vu son état d'incroyable et épouvantable maigreur. Ce type nous a paru curieux, nous l'avons exploité; mais le véritable squelette n'a *moralement* aucun rapport avec notre personnage fictif. Voici un fragment de l'interrogatoire de Decure:

sieurs fois entendu prononcer le nom chez les Martial, à l'île du Ravageur.

Le Squelette était *prévôt* ou capitaine du chauffoir.

Cet homme, d'assez haute taille, de quarante ans environ, justifiait son lugubre surnom par une maigreur dont il est impossible de se faire une idée, et que nous appellerions presque ostéologique...

Si la physionomie des compagnons du Squelette offrait plus ou moins d'analogie avec celle du tigre, du vautour ou du renard, la forme de son front, fuyant en arrière, et de ses mâchoires osseuses, plates et allongées, supportées par un cou démesurément long, rappelait

— Le président : Que faisiez-vous dans la commune de Maisons au moment de votre arrestation ?
— R. Je m'y livrais, suivant la profession que j'exerce de *squelette ambulant*, à toutes sortes d'exercices pour amuser la jeunesse ; je réduis mon corps à l'état de squelette, je déploie mes os et mes muscles à volonté ; je mange l'arsenic, le sublimé-corrosif, les crapauds, les araignées, et en général tous les insectes ; je mange aussi du feu, j'avale de l'huile bouillante, je me lave dedans, je suis au moins une fois par an appelé à Paris par les médecins les plus célèbres, tels que MM. Dubois, Orfila, qui me font faire toutes sortes d'expériences avec mon corps, etc., etc., etc.

(*Bulletin des Tribunaux.*)

entièrement la conformation de la tête du serpent.

Une calvitie absolue augmentait encore cette hideuse ressemblance; car, sous la peau rugueuse de son front presque plane comme celui d'un reptile, on distinguait les moindres protubérances, les moindres sutures de son crâne; quant à son visage imberbe, qu'on s'imagine du vieux parchemin, immédiatement collé sur les os de la face, et seulement quelque peu tendu depuis la saillie de la pommette jusqu'à l'angle de la mâchoire inférieure dont on voyait distinctement l'attache.

Les yeux, petits et louches, étaient si profondément encaissés, l'arcade sourcillière ainsi que la pommette étaient si proéminentes, qu'au-dessous du front jaunâtre où se jouait la lumière on voyait deux orbites littéralement remplis d'ombre, et qu'à peu de distance les yeux semblaient disparaître au fond de ces deux cavités sombres, de ces deux trous noirs qui donnent un aspect si funèbre à une tête de squelette. Ses longues dents, dont les saillies alvéolaires se dessinaient parfaitement sous la peau tannée des mâchoires osseuses et aplaties, se découvraient presque incessamment par un rictus habituel.

Quoique les muscles corrodés de cet homme fussent presque réduits à l'état de tendons, il était d'une force extraordinaire. Les plus robustes résistaient difficilement à l'étreinte de ses longs bras, de ses longs doigts décharnés.

On eût dit la formidable étreinte d'un squelette de fer,

Il portait un bourgeron bleu beaucoup trop court, qui laissait voir, et il en tirait vanité, ses mains noueuses et la moitié de son avant-bras, ou plutôt deux os (le *radius* et le *cubitus*, qu'on nous pardonne cette anatomie), deux os enveloppés d'une peau rude et noirâtre, séparés entre eux par une profonde rainure où serpentaient quelques veines dures et sèches comme des cordes.

Lorsqu'il posait ses mains sur une table, *il semblait*, selon une assez juste métaphore de Pique-Vinaigre, *y étaler un jeu d'osselets*.

Le Squelette, après avoir passé quinze années de sa vie au bagne pour vol et tentative de meurtre, avait rompu son ban, et avait été pris en flagrant délit de vol et de meurtre.

Ce dernier assassinat avait été commis avec des circonstances d'une telle férocité que, vu la récidive, ce bandit se regardait d'avance et avec raison comme condamné à mort.

L'influence que le Squelette exerçait sur les autres détenus par sa force, par son énergie, par sa perversité, l'avait fait choisir, par le directeur de la prison, comme prévôt de dortoir, c'est-à-dire que le Squelette était chargé de la police de sa chambrée, en ce qui touchait l'ordre, l'arrangement et la propreté de la salle et des lits; il s'acquittait parfaitement de ces fonctions, et jamais les détenus n'auraient osé manquer aux soins et aux devoirs dont il avait la surveillance.

Chose étrange et significative...

Les directeurs de prisons les plus intelligents, après avoir essayé d'investir des fonctions dont nous parlons les détenus qui se recommandaient encore par quelque honnêteté, ou dont les crimes étaient moins graves, se sont vus forcés de renoncer à ce choix cependant logique et moral, et de chercher les prévôts parmi les prisonniers les plus corrompus, les plus redoutés, ceux-ci ayant *seuls* une action positive sur leurs compagnons.

Ainsi, répétons-le encore, plus un coupable montrera de cynisme et d'audace, plus il sera compté, et pour ainsi dire *respecté.*

Ce fait prouvé par l'expérience, sanctionné par les *choix forcés* dont nous parlons, n'est-il pas un argument irréfragable contre le vice de la réclusion en commun?

Ne démontre-t-il pas, jusqu'à une évidence absolue, l'intensité de la contagion qui atteint mortellement les prisonniers dont on pourrait encore espérer quelque chance de réhabilitation?

Oui, car à quoi bon songer au repentir, à l'amendement, lorsque dans ce pandémonium où l'on doit passer de longues années, sa vie peut-être, on voit l'influence se mesurer au nombre des forfaits?

Encore une fois l'on ignore donc que le monde extérieur, que la *société honnête* n'existent plus pour le détenu?

Indifférent aux lois morales qui les régissent, il prend nécessairement les mœurs de ceux qui l'entourent; toutes les distinctions de la geôle étant réservées à la supériorité du crime, inévitablement il tendra toujours vers cette farouche aristocratie.

Revenons au Squelette, prévôt de chambrée, qui causait avec plusieurs prisonniers, parmi lesquels se trouvaient Barbillon et Nicolas Martial.

— Es-tu bien sûr de ce que tu dis-là? — demanda le Squelette à Martial...

— Oui, oui, cent fois oui; le père Micou le tient du Gros-Boiteux, qui a déjà voulu le tuer, ce gredin-là... parce qu'il a *mangé* (1) quelqu'un...

— Alors, qu'on lui dévore le nez. — Et que ça finisse! — ajouta Barbillon. — Déjà tantôt le Squelette était pour qu'on lui donne une *tournée rouge* à ce mouton de Germain.

Le prévôt ôta un moment sa pipe de sa bouche et dit d'une voix si basse, si crapuleusement enrouée qu'on l'entendait à peine :

— Germain faisait sa tête, il nous gênait, il nous espionnait; car moins l'on parle, plus on écoute; il fallait le forcer de filer de la

(1) Dénoncé.

Fosse-aux-Lions... une fois que nous l'aurions fait saigner... on l'aurait ôté d'ici...

— Eh bien! alors... — dit Nicolas — qu'est-ce qu'il y a de changé?

— Il y a de changé — reprit le Squelette — que s'il a *mangé*, comme le dit le Gros-Boiteux, il n'en sera pas quitte pour saigner...

— A la bonne heure — dit Barbillon.

— Il faut un exemple... — dit le Squelette en s'animant peu à peu. — Maintenant ce n'est plus *la rousse* (1) qui nous découvre, ce sont les *mangeurs*... (2) Jacques et Gauthier, qu'on a guillotinés l'autre jour... *mangés*.... Roussillon, qu'on a envoyé aux galères à *perte de vue*... (3) *mangé*.

— Et moi donc? et ma mère? et Callebasse?... et mon frère de Toulon? — s'écria Nicolas. — Est-ce que nous n'avons pas tous été *mangés* par Bras-Rouge? C'est sûr maintenant... puisqu'au lieu de l'écrouer ici on l'a

(1) La police.
(2) Un homme complice ou instigateur d'un crime, qu'il dénonce ensuite à l'autorité, est un *mangeur*; l'action de dénoncer, se dit *manger*.
(3) A perpétuité.

envoyé à la Roquette! On n'a pas osé le mettre avec nous... il sentait donc son tort... le gueux...

— Et moi, — dit Barbillon — est-ce que Bras-Rouge n'a pas aussi *mangé* sur moi?

— Et sur moi donc? — dit un jeune prisonnier d'une voix grêle, en grasseyant d'une manière affectée — j'ai été *coqué* (1) par Jobert, un homme qui m'avait proposé une affaire dans la rue Saint-Martin.

Ce dernier personnage à la voix flûtée, à la figure pâle, grasse et efféminée, au regard insidieux et lâche, était vêtu d'une façon singulière; il avait pour coiffure un foulard rouge qui laissait voir deux mèches de cheveux blonds collées sur les tempes; les deux bouts du mouchoir formaient une rosette bouffante au-dessus de son front; il portait pour cravate un châle de mérinos blanc à palmettes vertes, qui se croisait sur sa poitrine; sa veste de drap marron disparaissait sous l'étroite ceinture d'un ample pantalon en étoffe écossaise à larges carreaux de couleurs variées.

— Si ce n'est pas une indignité!.. faut-il

(1) Trahi.

qu'un homme soit gredin!.. — reprit ce personnage d'une voix mignarde. — Pour rien au monde, je ne me serais méfié de Jobert.

— Je le sais bien qu'il t'a dénoncé, Javotte, répondit le Squelette, qui semblait protéger particulièrement ce prisonnier ; — à preuve qu'on a fait pour ce mangeur ce qu'on a fait pour Bras-Rouge... on n'a pas non plus osé laisser Jobert ici... on l'a mis au *clou* à la Conciergerie... Eh bien ! il faut que ça finisse... il faut un exemple... les faux frères font la besogne de la police... ils se croient sûrs de leur peau parce qu'on les met dans une autre prison... que ceux qu'ils ont mangés...

— C'est vrai !..

— Pour empêcher ça, il faut que les prisonniers regardent tout mangeur comme un ennemi à mort; qu'il ait mangé sur Pierre ou sur Jacques, ici ou ailleurs, ça ne fait rien, qu'on tombe sur lui. Quand on en aura refroidi quatre ou cinq dans les préaux... les autres tourneront leur langue deux fois avant de *coquer la pègre* (1).

(1) Dénoncer les voleurs.

— T'as raison, Squelette — dit Nicolas; — alors il faut que Germain y passe...

— Il y passera — reprit le prévôt. — Mais attendons que le Gros-Boiteux soit arrivé... Quand, pour l'exemple, il aura prouvé à tout le monde que Germain est un *mangeur*, tout sera dit... Le *mouton* ne bêlera plus, on lui supprimera la respiration.

— Et comment faire avec les gardiens qui nous surveillent? — demanda le détenu que le Squelette appelait Javotte.

— J'ai mon idée... Pique-Vinaigre nous servira.

— Lui? il est trop poltron.

— Et pas plus fort qu'une puce.

— Suffit, je m'entends, où est-il?

— Il était revenu du parloir, mais on vient de venir le demander pour aller *jaspiner* avec son *rat de prison* (1).

— Et Germain? Il est toujours au parloir?

— Oui, avec cette petite fille qui vient le voir.

— Dès qu'il descendra, attention! Mais il

(1) Causer avec son avocat.

faudra attendre Pique-Vinaigre, nous ne pouvons rien faire sans lui.

— Sans Pique-Vinaigre?
— Non...
— Et on refroidira Germain?
— Je m'en charge.
— Mais avec quoi? on nous ôte nos couteaux!
— Et ces tenailles-là, y mettrais-tu ton cou? — demanda le Squelette en ouvrant ses longs doigts décharnés et durs comme du fer.
— Tu l'étoufferas?
— Un peu.
— Mais si on sait que c'est toi?
— Après? Est-ce que je suis un *veau à deux têtes?* comme ceux qu'on montre à la foire?
— C'est vrai... on n'est raccourci qu'une fois, et puisque tu es sûr de l'être...
— Archi-sûr; le rat de prison me l'a dit encore hier... J'ai été pris la main dans le sac et le couteau dans la gorge du *pante* (1)... Je suis *cheval de retour* (2)... c'est toisé... J'en-

(1) De la victime.
(2) Repris de justice arrêté de nouveau.

verrai ma tête voir, dans le panier de Charlot, si c'est vrai qu'il filoute les condamnés et qu'il mette de la sciure de bois dans son mannequin au lieu du son que le gouvernement nous accorde...

— C'est vrai... le guillotiné a droit à du son... Mon père a été volé aussi... j'en rappelle!!! — dit Nicolas Martial avec un ricanement féroce.

Cette abominable plaisanterie fit rire les détenus aux éclats.

Ceci est effrayant... mais loin d'exagérer, nous affaiblissons l'horreur de ces entretiens si communs en prison.

Il faut pourtant bien, nous le répétons, que l'on ait une idée, et encore *affaiblie*, de ce qui se dit, de ce qui se fait dans ces effroyables écoles de perdition, de cynisme, de vol et de meurtre.

Il faut que l'on sache avec quel audacieux dédain, presque tous les grands criminels parlent des plus terribles châtiments dont la société puisse les frapper.

Alors peut-être on comprendra l'urgence de substituer à ces peines impuissantes, à ces réclusions contagieuses, la seule punition, nous allons le démontrer, qui puisse terrifier les scélérats les plus déterminés.

. . . .

Les détenus du chauffoir s'étaient donc pris à rire aux éclats.

— Mille tonnerres ! — s'écria le Squelette — je voudrais bien qu'ils nous voient blaguer, ce tas de *curieux* (1) qui nous croient faire bouder devant leur guillotine... Ils n'ont qu'à venir à la barrière Saint-Jacques le jour de ma représentation à bénéfice ; ils m'entendront faire la nique à la foule, et dire à Charlot d'une voix crâne :

— *Père Samson, cordon, s'il vous plaît* (2)! Nouveaux rires...

— Le fait est que la chose dure le temps d'avaler une chique... Charlot tire le cordon...

— Et il vous ouvre la porte du *Boulanger* (3)

(1) Juges.
(2) Pour comprendre le sens de cette horrible plaisanterie, il faut savoir que le couperet glisse entre les rainures de la guillotine, après avoir été mis en mouvement par la détente d'un ressort au moyen d'un cordon qui y est attaché.
(3) Du diable.

— dit le Squelette, en continuant de fumer sa pipe.

— Ah ! bah... est-ce qu'il y a un boulanger?

— Imbécile... je dis ça par farce... Il y a un couperet, une tête qu'on met dessous.....et voilà.

— D'ailleurs, est-ce que ça nous regarde?..

— Moi, maintenant que je sais mon chemin et que je dois m'arrêter à l'*Abbaye de Monte-à-Regret* (1), j'aimerais autant partir aujourd'hui que demain — dit le Squelette avec une exaltation sauvage — je voudrais déjà y être... le sang m'en vient à la bouche... quand je pense à la foule qui sera là pour me voir... Ils seront bien quatre ou cinq mille qui se bousculeront, qui se battront pour être bien placés; on louera des fenêtres et des chaises comme pour un cortége. Je les entends déjà crier : Place à louer!.. place à louer!.. et puis il y aura de la troupe, cavalerie et infanterie, tout le tremblement à la voile... et tout ça pour moi, pour le Squelette... c'est pas pour un *pante* qu'on se dérangerait comme ça... hein!..

(1) La guillotine.

les amis?.. Voilà de quoi monter un homme... Quand il serait lâche comme Pique-Vinaigre, il y a de quoi vous faire marcher en déterminé... Tous ces yeux qui vous regardent vous mettent le feu au ventre... et puis... c'est un moment à passer... on meurt en crâne... ça vexe les juges et les *pantes*, et ça encourage la *pègre* à blaguer la *camarde*.

— C'est vrai — reprit Barbillon, afin d'imiter l'effroyable forfanterie du Squelette — on croit nous faire peur et avoir tout dit quand on envoie Charlot monter sa boutique à notre profit.

— Ah bah! — dit à son tour Nicolas — on s'en moque pas mal... de la boutique à Charlot; c'est comme de la prison ou du bagne, on s'en moque aussi; pourvu qu'on soit tous amis ensemble, vive la joie à mort!

— Par exemple — dit le prisonnier à la voix mignarde — ce qu'il y aurait de sciant, ça serait qu'on nous mette en cellule jour et nuit; on dit qu'on en viendra là.

— En cellule! — s'écria le Squelette avec une sorte d'effroi courroucé. — Ne parle pas de ça... En cellule... Tout seul!.. Tiens, tais-toi, j'aimerais mieux qu'on me coupe les bras et les jambes... Tout seul !... entre quatre murs !.. Tout seul... sans avoir des vieux de la pègre avec qui rire !.. Ça ne se peut pas ! Je préfère cent fois le bagne à la centrale, parce qu'au bagne, au lieu d'être renfermé on est dehors, on voit du monde, on va, on vient, on gaudriole avec la chiourme... Eh bien ! j'aimerais cent fois mieux être raccourci que d'être mis en cellule pendant seulement un an... Oui, ainsi, à l'heure qu'il est, je suis sûr d'être fauché, n'est-ce pas ? Eh bien ! on me dirait : Aimes-tu mieux un an de cellule... je tendrais le cou... Un an tout seul !.. mais est-ce que c'est possible ?.. A quoi veulent-ils donc que l'on pense, quand on est tout seul ?..

— Si l'on t'y mettait de force, en cellule ?

— Je n'y resterais pas... je ferais tant des pieds et des mains que je m'évaderais... — dit le Squelette.

— Mais si tu ne pouvais pas... si tu étais sûr de ne pas te sauver ?

— Alors je tuerais le premier venu pour être guillotiné.

— Mais si au lieu de condamner les *escar-*

pes (1) à mort... on les condamnait à être en cellule pendant toute leur vie!..

Le Squelette parut frappé de cette réflexion.

Après un moment de silence, il reprit :

— Alors je ne sais pas ce que je ferais... je me briserais la tête contre les murs... Je me laisserais crever de faim, plutôt que d'être en cellule... Comment! tout seul... toute ma vie seul... avec moi? sans l'espoir de me sauver? Je vous dis que c'est pas possible... Tenez, il n'y en a pas de plus crâne que moi, je saignerais un homme pour six blancs... et même pour rien... pour l'honneur... On croit que je n'ai assassiné que deux personnes... mais si les morts parlaient il y a cinq refroidis qui pourraient dire comment je travaille.

Le brigand se *vantait*.

Ces forfanteries sanguinaires sont encore un des traits les plus caractéristiques des scélérats endurcis.

Un directeur de prison nous disait :

Si les prétendus meurtres dont ces malheureux se glorifient étaient réels, la population serait décimée.

(1) Assassins.

— C'est comme moi... — reprit Barbillon pour se *vanter* à son tour — on croit que je n'ai *escarpé* que le mari de la laitière de la Cité... mais j'en ai *servi* bien d'autres avec le grand Robert qui a été fauché l'an passé.

— C'était donc pour vous dire — reprit le Squelette — que je ne crains ni feu ni diable... Eh bien !.. si j'étais en cellule... et bien sûr de ne pouvoir jamais me sauver... tonnerre !.. je crois que j'aurais peur...

— De quoi? — demanda Nicolas.

— D'être tout seul... — répondit le prévôt.

— Ainsi, si tu avais à recommencer tes tours de *pègre* et d'*escarpe*, et si, au lieu de centrales, de bagnes et de guillotine... il n'y avait que des cellules, tu bouderais devant le mal?

— MA FOI... OUI... PEUT-ÊTRE... (*historique*) — répondit le Squelette.

Et il disait vrai...

On ne peut s'imaginer l'indicible terreur qu'inspire à de pareils bandits la seule pensée de l'isolement absolu...

Cette terreur n'est-elle pas encore un plaidoyer éloquent en faveur de cette pénalité?

Ce n'est pas tout : la condamnation à l'isolement, si redouté par les scélérats, amènera peut-être forcément l'abolition de la peine de mort.

Voici comment :

La génération criminelle, qui à cette heure peuple les prisons et les bagnes, regardera l'application du système cellulaire comme un supplice intolérable.

Habitués à la perverse animation de l'emprisonnement en commun dont nous venons de tâcher d'esquisser quelques traits *affaiblis*, car, nous le répétons, il nous faut reculer devant des monstruosités de toutes sortes ; ces hommes, disons-nous, se voyant menacés, en cas de récidive, d'être séquestrés du monde infâme où ils expiaient si allégrement leurs crimes, et d'être mis en cellule seul à seul avec les souvenirs du passé... ces hommes se révolteront à l'idée de cette punition effrayante.

Beaucoup préféreront la mort.

Et, pour encourir la peine capitale, ne reculeront pas devant l'assassinat... car, chose étrange, sur dix criminels qui voudront se débarrasser de la vie, il y en a neuf qui tueront... pour être tués... et un seul qui se suicidera.

Alors, sans doute, nous le répétons, le suprême vestige d'une législation barbare disparaîtra de nos codes...

Afin d'ôter aux meurtriers ce dernier refuge qu'ils croiront trouver dans le néant, on abolira forcément la peine de mort.

Mais l'isolement cellulaire à perpétuité offrira-t-il une réparation, une punition assez formidable pour quelques grands crimes, tels que le parricide, entre autres?

L'on s'évade de la prison la mieux gardée, ou du moins on espère s'évader; il ne faut laisser aux criminels dont nous parlons ni cette possibilité ni cette espérance.

Aussi la peine de mort, qui n'a d'autre fin que celle de débarrasser la société d'un être nuisible... la peine de mort qui donne rarement aux condamnés le temps de se repentir, et jamais celui de se réhabiliter par l'expiation... la peine de mort, que ceux-là subissent inanimés, presque sans connaissance, et que ceux-ci bravent avec un épouvantable cynisme, la peine de mort sera peut-être remplacée par un châtiment terrible, mais qui donnera au condamné le temps du repentir... de l'expiation, et qui ne retranchera pas violemment de ce monde une créature de Dieu...

L'aveuglement (1) mettra le meurtrier dans l'impossibilité de s'évader et de nuire désormais à personne...

La peine de mort sera donc en ceci, son seul but, efficacement remplacée;

Car la société ne tue pas au nom de la loi du talion;

Elle ne tue pas pour faire souffrir, puisqu'elle a choisi celui de tous les supplices qu'elle croit le moins douloureux (2);

Elle tue au nom de sa propre sûreté...

Or, que peut-elle craindre d'un aveugle emprisonné?

Enfin cet isolement perpétuel, adouci par

---

(1) Nous maintenons ce barbarisme, l'expression de cécité s'appliquant à une maladie accidentelle ou à une infirmité naturelle; tandis que ce dérivé du verbe aveugler rend mieux notre pensée, *l'action d'aveugler.*

(2) Mon père, le docteur Jean Joseph Sue, croyait le contraire; une série d'observations intéressantes et profondes, publiées par lui à ce sujet, tendent à prouver que la *pensée survit quelques minutes à la décollation instantanée.* — Cette probabilité seule fait frissonner d'épouvante.

les charitables entretiens de personnes honnêtes et pieuses, qui se voueraient à cette secourable mission, permettrait au meurtrier de racheter son âme par de longues années de remords et de contrition.

. . . .

Un assez grand tumulte et de bruyantes exclamations de joie, poussées par les détenus qui se promenaient dans le préau, interrompirent le conciliabule présidé par le Squelette.

Nicolas se leva précipitamment et s'avança sur le pas de la porte du chauffoir, afin de connaître la cause de ce bruit inaccoutumé.

— C'est le Gros-Boiteux! — s'écria Nicolas en rentrant.

— Le Gros-Boiteux! — s'écria le prévôt — et Germain, est-il descendu au parloir?

— Pas encore — dit Barbillon.

— Qu'il se dépêche donc, dit le Squelette — que je lui donne un bon pour une bière neuve.

CHAPITRE VI.

COMPLOT.

Le Gros-Boiteux, dont l'arrivée était accueillie par les détenus de la Fosse-aux-Lions avec une joie bruyante, et dont la dénonciation pouvait être si funeste à Germain, était un homme de taille moyenne; malgré son embonpoint et son infirmité, il semblait agile et vigoureux.

Sa physionomie bestiale, comme la plupart de celles de ses compagnons, se rapprochait beaucoup du type du bouledogue ; son front déprimé, ses petits yeux fauves, ses joues retombantes, ses lourdes mâchoires, dont l'inférieure très-saillante était armée de longues dents, ou plutôt de crocs ébréchés, qui çà et là débordaient les lèvres, rendaient cette ressemblance animale plus frappante encore; il avait pour coiffure un bonnet de loutre, et portait par-dessus ses habits un manteau bleu à collet fourré.

Le Gros-Boiteux était entré dans la prison accompagné d'un homme de trente ans environ, dont la figure brune et hâlée paraissait moins dégradée que celle des autres détenus, quoiqu'il affectât de paraître aussi résolu que son compagnon; quelquefois son visage s'assombrissait et il souriait amèrement...

Le Gros-Boiteux se retrouvait, comme on dit vulgairement, *en pays de connaissance.* Il pouvait à peine répondre aux félicitations et aux paroles de bienvenue qu'on lui adressait de toutes parts.

— Te voilà donc enfin, gros réjoui... Tant mieux, nous allons rire...

— Tu nous manquais...

— T'as bien tardé...

— J'ai pourtant fait tout ce qu'il fallait pour revenir voir les amis... c'est pas ma faute si *la rousse* n'a pas voulu de moi plus tôt.

— Comme de juste, mon vieux, on ne vient pas se *mettre au clou* soi-même, mais une fois qu'on y est... ça se tire, et faut gaudrioler.

— Tu as la chance, car Pique-Vinaigre est ici.

— Lui aussi? un ancien de Melun! fameux!.. fameux! il nous aidera à passer le temps avec ses histoires, et les pratiques ne lui manqueront pas, car je vous annonce des recrues.

— Qui donc?..

— Tout à l'heure au greffe... pendant qu'on m'écrouait, on a encore amené deux cadets... Il y en a un que je ne connais pas... mais l'autre, qui a un bonnet de coton bleu et une blouse grise, m'est resté dans l'œil... j'ai vu cette boule-là quelque part... Il me semble que c'est chez l'ogresse du *Lapin-Blanc*... un fort homme...

— Dis donc, Gros-Boiteux... te rappelles-tu à Melun... que j'avais parié avec toi qu'avant un an tu serais repincé?

— C'est vrai, tu as gagné; car j'avais plus de chances pour être *cheval de retour* que pour être couronné rosière; mais toi... qu'as-tu fait?

— J'ai *grinchi à l'américaine*.

— Ah! bon, toujours du même tonneau?..

— Toujours... Je vas mon petit bonhomme de chemin. Ce tour est commun... mais les *sinves* aussi sont communs, et sans une ânerie de mon *collègue* je ne serais pas ici... C'est égal, la leçon me profitera. Quand je recommencerai, je prendrai mes précautions... J'ai mon plan...

— Tiens, voilà *Cardillac* — dit le Boiteux en voyant venir à lui un petit homme misérablement vêtu, à mine basse, méchante et rusée, qui tenait du renard et du loup. — Bonjour, vieux...

— Allons donc, traînard — répondit gaiement au Gros-Boiteux le détenu surnommé *Cardillac*; — on disait tous les jours : Il viendra, il ne viendra pas... Monsieur fait comme les jolies femmes, il faut qu'on le désire...

— Mais oui, mais oui.

— Ah çà!—reprit Cardillac — est-ce pour quelque chose d'un peu corsé que tu es ici?

— Ma foi, mon cher, je me suis passé l'effraction. Avant, j'avais fait de très-bons coups : mais le dernier a raté... une affaire superbe... qui d'ailleurs reste encore à faire... malheureusement nous deux Franck, que voilà, nous avons *marché dessus* (1).

Et le Gros-Boiteux montra son compagnon, sur lequel tous les yeux se tournèrent.

— Tiens, c'est vrai, voilà Franck! — dit Cardillac; — je ne l'aurais pas reconnu à cause de sa barbe... Comment! c'est toi? je te croyais au moins maire de ton endroit à l'heure qu'il est... Tu voulais faire l'honnête?..

— J'étais bête et j'en ai été puni — dit brusquement Frank; — mais à tout péché miséricorde... c'est bon une fois; me voilà maintenant de la pègre jusqu'à ce que je crève; gare à ma sortie!

— A la bonne heure, c'est parler.

— Mais qu'est-ce donc qu'il t'est arrivé, Frank?

— Ce qui arrive à tout libéré assez colas pour vouloir, comme tu dis, faire l'honnête... Le sort est si juste!.. En sortant de Melun, j'avais une masse de neuf cents et tant de francs...

— C'est vrai — dit le Gros-Boiteux — tous

(1) Nous l'avons manquée.

ses malheurs viennent de ce qu'il a gardé sa masse au lieu de la fricoter en sortant de prison. Vous allez voir à quoi mène le repentir... et si on fait seulement ses frais.

— On m'a envoyé en surveillance à Étampes — reprit Frank... — serrurier de mon état, j'ai été chez un maître de mon métier; je lui ai dit : Je suis libéré, je sais qu'on n'aime pas à les employer, mais voilà les 900 francs de ma masse, donnez-moi de l'ouvrage; mon argent ça sera votre garantie; je veux travailler et être honnête.

— Parole d'honneur, il n'y a que ce Frank pour avoir des idées pareilles.

— Il a toujours eu un petit coup de marteau.

— Ah !.. comme serrurier !

— Farceur...

— Et vous allez voir comme ça lui a réussi.

— Je propose donc ma masse en garantie au maître serrurier pour qu'il me donne de l'ouvrage. — Je ne suis pas banquier pour prendre de l'argent à intérêt — qu'il me dit — et je ne veux pas de libéré dans ma boutique; je vais travailler dans les maisons, ouvrir des portes dont on perd les clefs, j'ai un état de confiance, et si on savait que j'emploie un libéré parmi mes ouvriers, je perdrais mes pratiques... Bonsoir, voisin.

— N'est-ce pas, Cardillac, qu'il n'avait que ce qu'il méritait...

— Bien sûr...

— Enfant ! — ajouta le Gros-Boiteux en s'adressant à Frank d'un air paterne — au lieu de rompre tout de suite ton ban... et de venir à Paris fricoter ta masse, afin de n'avoir plus le sou et de te mettre dans la nécessité de voler. Alors on trouve des idées superbes...

— Quand tu me diras toujours la même chose ! — dit Frank avec impatience ; — c'est vrai, j'ai eu tort de ne pas dépenser ma masse, puisque je n'en ai pas joui. Pour en revenir à ma surveillance, comme il n'y avait que quatre serruriers à Étampes... celui à qui je m'étais adressé le premier avait jasé ; quand j'ai été m'adresser aux autres, ils m'ont dit comme leur confrère... *Merci*... Partout la même chanson.

— Voyez-vous, les amis, à quoi ça sert ? Nous sommes marqués pour la vie, allez !!!

— Me voilà en grève sur le pavé d'Étampes ; je vis sur ma masse un mois, deux mois — reprit Franck ; — l'argent s'en allait, l'ouvrage ne venait pas. Malgré ma surveillance, je quitte Étampes.

— C'est ce que tu aurais dû faire tout de suite, Colas.

— Je viens à Paris ; là je trouve de l'ouvrage ; mon bourgeois ne savait pas qui j'étais ; je lui dis que j'arrive de province. Il n'y avait pas de meilleur ouvrier que moi. Je place 700 francs qui me restaient chez un agent d'affaires qui me fait un billet ; à l'échéance, il ne me paie pas ; je mets mon billet chez un huissier... qui poursuit et se fait payer ; je laisse l'argent chez lui, et je me dis : C'est une poire pour la soif. Là-dessus, je rencontre le Gros-Boiteux.

— Oui, les amis, et c'est moi qui étais la soif, comme vous l'allez voir. Frank était serrurier, fabriquait les clefs ; j'avais une *affaire* où il pouvait me servir ; je lui propose le coup... J'avais des empreintes, il n'y avait plus qu'à travailler dessus... c'était sa partie. L'enfant me refuse... il voulait redevenir honnête...

Je me dis : Il faut faire son bien malgré lui...
J'écris une lettre sans signature à son bourgeois, une autre à ses compagnons pour leur apprendre que Frank est un libéré... Le bourgeois le met à la porte et les compagnons lui tournent le dos.

Il va chez un autre bourgeois, il y travaille huit jours... même jeu... Il aurait été chez dix, que je lui aurais servi toujours du même.

— Et je ne me doutais pas alors que c'était toi qui me dénonçais — reprit Frank — sans cela, tu aurais passé un mauvais quart d'heure.

— Oui ; mais moi pas bête, je t'avais dit que je m'en allais à Lonjumeau voir mon oncle ; mais j'étais resté à Paris, et je savais tout ce que tu faisais par le petit Ledru.

— Enfin on me chasse encore de chez mon dernier maître serrurier comme un gueux bon à pendre. Travaillez donc ! soyez donc paisible ! pour qu'on vous dise non pas *que fais-tu ?* mais *qu'as-tu fait ?* Une fois sur le pavé, je me dis : Heureusement il me reste ma masse pour attendre. Je vas chez l'huissier, il avait levé le pied ; mon argent était flambé, j'étais sans le sou... je n'avais pas seulement de quoi payer une huitaine de mon garni... Fallait voir ma rage!.. Là-dessus le Gros-Boiteux a l'air d'arriver de Lonjumeau ; il profite de ma colère... Je ne savais à quel clou me pendre... je voyais qu'il n'y avait pas moyen d'être honnête ; qu'une fois dans la *pègre* on y était à vie... Ma foi, le Gros-Boiteux me talonne tant...

— Que ce brave Frank ne boude plus — reprit le Gros-Boiteux ; — il prend son parti en brave, il entre dans l'affaire ; elle s'annonçait comme une reine ; malheureusement... au moment où nous ouvrions la bouche pour avaler le morceau... pincés... par la *rousse!* Que veux-tu, garçon, c'est un malheur... le métier serait trop beau sans cela...

— C'est égal... si ce gredin d'huissier ne m'avait pas volé... je ne serais pas ici... — dit Frank avec une rage concentrée.

— Eh bien! eh bien! — reprit le Gros-Boiteux — te voilà bien malade? Avec ça que tu étais plus heureux quand tu t'échinais à travailler!

— J'étais libre.

— Oui, le dimanche, et encore quand l'ouvrage ne pressait pas ; mais le restant de la semaine enchaîné comme un chien ; et jamais sûr de trouver de l'ouvrage... Tiens, tu ne connais pas ton bonheur.

— Tu me l'apprendras — dit Frank avec amertume.

— Après ça, faut être juste, tu as le droit d'être vexé ; c'est dommage que le coup ait manqué, il était superbe, et il le sera encore dans un ou deux mois ; les bourgeois seront rassurés, et ce sera à refaire. C'est une maison riche, riche ! Je serai toujours condamné pour rupture de ban, ainsi je ne pourrai pas reprendre l'affaire ; mais si je trouve un amateur, je la céderai pour pas trop cher... Les empreintes sont chez ma femelle, il n'y aura qu'à fabriquer de nouvelles fausses clefs ; avec les renseignements que je pourrai donner, ça ira tout seul... Il y avait et il y a encore là un coup de dix mille francs à faire : ça doit pourtant te consoler, Frank.

Le complice du Gros-Boiteux secoua la tête, croisa les bras sur sa poitrine et ne répondit pas.

Cardillac prit le Gros-Boiteux par le bras,

l'attira dans un coin du préau, et lui dit, après un moment de silence :

— L'affaire que tu as manquée est encore bonne?

— Dans deux mois, aussi bonne qu'une neuve.

— Tu peux le prouver?

— Pardieu!

— Combien en veux-tu?

— Cent francs d'avance, et je dirai le mot convenu avec ma femelle pour qu'elle livre les empreintes avec quoi on refera de fausses clefs; de plus, si le coup réussit, je veux un cinquième du gain, que l'on paiera à ma femelle.

— C'est raisonnable.

— Comme je saurai à qui elle aura donné les empreintes, si on me flibustait ma part, je dénoncerais, tant pis...

— Tu serais dans ton droit, si on t'enfonçait... mais dans la *pègre*... on est honnête... faut bien compter les uns sur les autres... sans cela il n'y aurait pas d'affaires possibles...

Autre anomalie de ces mœurs horribles...

Ce misérable disait vrai.

Il est assez rare que les voleurs manquent à la parole qu'ils se donnent pour des marchés de cette nature... Ces criminelles transactions s'opèrent généralement avec une sorte de bonne foi, ou plutôt, afin de ne pas prostituer ce mot, disons que la nécessité force ces bandits de tenir leur promesse ; car, s'ils y manquaient, ainsi que le disait le compagnon du Gros-Boiteux — il n'y aurait pas d'affaires possibles...

Un grand nombre de vols *se donnent*, s'achètent et se complotent ainsi en prison, autre détestable conséquence de la réclusion en commun.

— Si ce que tu dis est sûr — reprit Cardillac — je pourrai m'arranger de l'affaire... il n'y a pas de preuves contre moi... je suis sûr d'être acquitté, je passe au tribunal dans une quinzaine, je serai en liberté mettons dans vingt jours ; le temps de se retourner, de faire faire les fausses clefs, d'aller aux renseignements... c'est un mois, six semaines...

— Juste ce qu'il faut aux bourgeois pour se remettre de l'alerte... Et puis, d'ailleurs, qui a été attaqué une fois; croit ne pas l'être une seconde fois; tu sais ça....

— Je sais ça : je prends l'affaire... c'est convenu...

— Mais auras-tu de quoi me payer? Je veux des arrhes.

— Tiens, voilà mon dernier bouton; et quand il n'y en a plus, il y en a encore — dit Cardillac en arrachant un des boutons recouverts d'étoffe qui garnissaient sa mauvaise redingote bleue... Puis, à l'aide de ses ongles, il déchira l'enveloppe, et montra au Gros-Boiteux qu'au lieu de moule le bouton renfermait une pièce de quarante francs.

— Tu vois — ajouta-t-il — que je pourrai te donner des arrhes quand nous aurons causé de l'affaire.

— Alors touche là, vieux — dit le Gros-Boiteux — Puisque tu sors bientôt et que tu as des fonds pour *travailler*, je pourrai te donner autre chose; mais ça c'est du nanan... du vrai nanan, un *petit poupard* (1), que moi et ma femme nous nourrissions depuis deux

(1) Vol préparé de longue main.

mois, et qui ne demande qu'à marcher...
Figure-toi une maison isolée, dans un quartier perdu, un rez-de-chaussée donnant d'un côté sur une rue déserte, de l'autre sur un jardin ; deux vieilles gens qui se couchent comme des poules. Depuis les émeutes et dans la peur d'être pillés, ils ont caché dans un lambris un grand pot à confiture plein d'or... C'est ma femme qui a dépisté la chose en faisant jaser la servante... Mais, je t'en préviens, cette affaire-là sera plus chère que l'autre, c'est monnayé... c'est tout cuit et bon à manger...

— Nous nous arrangerons, sois tranquille... Mais je vois que t'as pas mal travaillé depuis que tu as quitté la centrale...

— Oui, j'ai eu assez de chance... J'ai raccroché de bric et de brac pour une quinzaine de cents francs; un de mes meilleurs morceaux a été la grenouille de deux femmes qui logeaient dans le même garni que moi, passage de la Brasserie.

— Chez le père Micou, le recéleur?

— Juste.

— Et Joséphine, ta femme?

— Toujours un vrai furet, elle faisait un

ménage chez les vieilles gens dont je parle;
c'est elle qui a flairé le pot aux jaunets...

— C'est une fière femme!..

— Je m'en vante... A propos de fière femme,
tu connaissais bien la Chouette?

— Oui, Nicolas m'a dit ça, le Maître d'école
l'a estourbie, et lui, il est devenu fou.

— C'est peut-être d'avoir perdu la vue par
je ne sais quel accident... Ah çà! mon vieux
Cardillac, convenu... puisque tu veux t'arranger de mes *poupards*, je n'en parlerai à personne.

— A personne... je les prends en sevrage.
Nous en causerons ce soir...

— Ah çà, qu'est-ce qu'on fait, ici?

— On rit et on bêtise à mort.

— Qu'est-ce qui est le prévôt de la chambrée?

— Le Squelette.

— En voilà un dur à cuire! Je l'ai vu chez
les Martial à l'île du Ravageur... Nous avons
nocé ensemble avec Joséphine et la boulotte.

— A propos, Nicolas est ici.

— Je le sais bien, le père Micou me l'a dit...
il s'est plaint que Nicolas l'a *fait chanter*, le

vieux gueux... je lui ferai aussi dégoiser un petit air... Les recéleurs... sont faits pour ça.

— Nous parlions du Squelette, tiens justement le voilà — dit Cardillac en montrant à son compagnon le prévôt, qui parut à la porte du chauffoir...

— Cadet... avance à l'appel — dit le Squelette au Gros-Boiteux.

—Présent...— répondit celui-ci en entrant dans la salle accompagné de Franck, qu'il prit par le bras.

Pendant l'entretien du Gros-Boiteux, de Franck et de Cardillac, Barbillon avait été, par ordre du prévôt, recruter douze ou quinze prisonniers *de choix*. Ceux-ci, afin de ne pas éveiller les soupçons du gardien, s'étaient rendus isolément au chauffoir.

Les autres détenus restèrent dans le préau; quelques-uns même, d'après le conseil de Barbillon, parlèrent à voix haute d'un ton assez courroucé pour attirer l'attention du gardien et le distraire ainsi de la surveillance du chauffoir, où se trouvèrent bientôt réunis le Squelette, Barbillon, Nicolas, Franck, Cardillac, le Gros-Boiteux et une quinzaine de détenus, tous attendant avec une impatiente curiosité que le prévôt prît la parole.

Barbillon, chargé d'épier et d'annoncer l'approche du surveillant, se plaça près de la porte.

Le Squelette, ôtant sa pipe de sa bouche, dit au Gros Boiteux :

— Connais-tu un petit jeune homme nommé Germain, yeux bleus, cheveux bruns, l'air d'un *pante* (1)?

— Germain est ici! — s'écria le Gros-Boiteux dont les traits exprimèrent aussitôt la surprise, la haine et la colère.

— Tu le connais donc? — demanda le Squelette.

— Si je le connais?.. — reprit le Gros-Boiteux; — mes amis, je vous le dénonce... c'est un *mangeur*... il faut qu'on le roule...

— Oui, oui — reprirent les détenus.

— Ah çà! est-ce bien sûr qu'il ait dénoncé? — demanda Franck. — Si on se trompait?... rouler un homme qui ne le mérite pas...

Cette observation déplut au Squelette, qui

(1) Honnête homme.

se pencha vers le Gros-Boiteux et lui dit tout bas :

— Qu'est-ce que celui-là ?
— Un homme avec qui j'ai travaillé.
— En es-tu sûr ?
— Oui ; mais ça n'a pas de fiel, c'est mollasse.
— Suffit, j'aurai l'œil dessus.
— Voyons comme quoi Germain est un *mangeur* — dit un prisonnier.
— Explique-toi, Gros-Boiteux — reprit le Squelette, qui ne quitta plus Franck du regard.
— Voilà — dit le Gros-Boiteux : — Un Nantais nommé Velu, ancien libéré, a éduqué le jeune homme dont on ignore la naissance. Quand il a eu l'âge, il l'a fait entrer à Nantes chez un banquezingue, croyant mettre le loup dans sa caisse et se servir de Germain pour empaumer une affaire superbe qu'il mitonnait depuis long-temps ; il avait deux cordes à son arc... un faux et le *soulagement* de la caisse du banquezingue... peut-être cent mille francs... à faire en deux coups.... Tout était prêt, Velu comptait sur le petit jeune homme comme sur lui-même ; ce galopin-là couchait dans le pavillon où était la caisse,

Velu lui dit son plan... Germain ne répond ni oui ni non, dénonce tout à son patron et file le soir même pour Paris.

Les détenus firent entendre de violents murmures d'indignation et des paroles menaçantes.

— C'est un *mangeur*... il faut le désosser...

— Si l'on veut, je lui cherche querelle... et je le crève...

— Faut lui signer sur la figure un billet d'hôpital.

— Silence dans la *pègre!* — cria le Squelette d'une voix impérieuse.

Les prisonniers se turent.

— Continue — dit le prévôt au Gros-Boiteux. Et il se remit à fumer.

— Croyant que Germain avait dit oui, comptant sur son aide, Velu et deux de ses amis tentent l'affaire la nuit même; le banquezingue était sur ses gardes, un des amis de Velu est pincé en escaladant une fenêtre, et lui a le bonheur de s'évader... Il arrive à Paris, furieux d'avoir été *mangé* par Germain et d'avoir manqué une affaire superbe. Un beau jour, il rencontre le petit jeune homme; il était plein jour; il n'ose rien faire, mais il le suit; il voit où il demeure, et une nuit, nous deux Velu et le petit Ledru, nous tombons sur Germain... Malheureusement il nous échappe... il déniche de la rue du Temple où il demeurait; depuis nous n'avons pas pu le retrouver; mais s'il est ici... je demande...

— Tu n'as rien à demander — dit le Squelette avec autorité.

Le Gros-Boiteux se tut.

— Je prends ton marché, tu me cèdes la peau de Germain, je l'écorche... je ne m'appelle pas le Squelette pour rien... je suis mort d'avance... mon trou est fait à Clamart, je ne risque rien de travailler pour la *pègre;* les *mangeurs* nous dévorent encore plus que la police; on met les *mangeurs* de la Force à la Roquette, et les *mangeurs* de la Roquette à la Conciergerie, ils se croient sauvés. Minute... quand chaque prison aura tué son *mangeur,* n'importe où il ait mangé... ça ôtera l'appétit aux autres... je donne l'exemple... on fera comme moi...

Tous les détenus, admirant la résolution du Squelette, se pressèrent autour de lui... Barbillon lui-même, au lieu de rester auprès de la porte, se joignit au groupe, et ne s'aperçut pas qu'un nouveau détenu entrait dans le parloir.

Ce dernier, vêtu d'une blouse grise, et portant un bonnet de coton bleu brodé de laine rouge, enfoncé jusque sur ses yeux, fit un mouvement en entendant prononcer le nom de Germain... puis il alla se mêler parmi les admirateurs du Squelette, et approuva vivement de la voix et du geste la criminelle détermination du prévôt.

— Est-il crâne, le Squelette?... — disait l'un — quelle sorbonne!..

— Le diable en personne ne le ferait pas caner...

— Voilà un homme!..

— Si tous les *pègres* avaient ce front-là... c'est eux qui jugeraient et qui feraient guillotiner les *pantes*... (1)

— Ça serait juste... chacun son tour...

— Oui... mais on ne s'entend pas...

— C'est égal... il rend un fameux service à la *pègre*... en voyant qu'on les refroidit... les *mangeurs* ne *mangeront* plus...

(1) Les honnêtes gens.

— C'est sûr.

— Et puisque le Squelette est si sûr d'être fauché, ça ne lui coûte rien... de tuer le *mangeur*.

— Moi, je trouve que c'est rude! — dit Frank — tuer ce jeune homme...

— De quoi! de quoi! — reprit le Squelette d'une voix courroucée — on n'a pas le droit de *buter* un traître?

— Oui, au fait, c'est un traître; tant pis pour lui — dit Frank, après un moment de réflexion.

Ces derniers mots et la garantie du Gros-Boiteux calmèrent la défiance que Frank avait un moment soulevée chez les détenus.

Le Squelette seul persévéra dans sa méfiance.

— Ah çà! et comment faire avec le gardien? Dis donc *mort-d'avance*, car c'est aussi bien ton nom que Squelette — reprit Nicolas en ricanant.

— Eh bien! on l'occupera d'un côté, le gardien.

— Non, on le retiendra de force.

— Oui...

— Non.

— Silence dans la *pègre !!*—dit le Squelette.

On fit le plus profond silence.

— Écoutez-moi bien — reprit le prévôt de sa voix enrouée — il n'y a pas moyen de faire le coup pendant que le gardien sera dans le chauffoir ou dans le préau. Je n'ai pas de couteau ; il y aura quelques cris étouffés, le *mangeur* se débattra.

— Alors, comment...

— Voilà comment : Pique-Vinaigre nous a promis de nous conter aujourd'hui, après dîner, son histoire de *Gringalet et Coupe-en-Deux*. Voilà la pluie, nous nous retirerons tous ici, et le *mangeur* viendra se mettre là-bas dans le coin, à la place où il se met toujours... Nous donnerons quelques sous à Pique-Vinaire pour qu'il commence son histoire..... C'est l'heure du dîner de la geôle... Le gardien nous verra tranquillement occupés à écouter les fariboles de *Gringalet et de Coupe-en-Deux*, il ne se défiera pas, ira faire un tour à la cantine... Dès qu'il aura quitté la cour... nous avons un quart d'heure à nous, le *mangeur* est refroidi avant que le gardien soit revenu... Je m'en charge... j'en ai étourdi de plus roides que lui... Mais je ne veux pas qu'on m'aide...

— Minute—s'écria Cardillac—et l'huissier qui vient toujours blaguer ici avec nous... à l'heure du dîner?.. S'il entre dans le chauffoir pour écouter Pique-Vinaigre, et qu'il voie refroidir Germain, il est capable de crier au secours... Ça n'est pas un homme culotté, l'huissier; c'est un pistolier, il faut s'en défier.

— C'est vrai — dit le Squelette.

— Il y a un huissier ici! — s'écria Frank, victime, on le sait, de l'abus de confiance de maître Boulard; — il y a un huissier ici! — reprit-il avec étonnement. — Et comment s'appelle-t-il?

— Boulard — dit Cardillac.

— C'est mon homme! — s'écria Frank en serrant les poings; — c'est lui qui m'a volé ma masse...

— L'huissier? — demanda le prévôt!

— Oui... sept cent vingt francs qu'il a touchés pour moi.

— Tu le connais?.. il t'a vu?—demanda le Squelette.

— Je crois bien que je l'ai vu... pour mon malheur... Sans lui, je ne serais pas ici...

Ces regrets sonnèrent mal aux oreilles du Squelette : il attacha longuement ses yeux louches sur Frank, qui répondait à quelques questions de ses camarades, puis, se penchant vers le Gros-Boiteux, il lui dit tout bas :

— Voilà un cadet qui est capable d'avertir les gardiens de notre coup.

— Non, j'en réponds, il ne dénoncera personne... mais c'est encore frileux pour le vice... et il serait capable de vouloir défendre Germain... Vaudrait mieux l'éloigner du préau.

— Suffit — dit le Squelette, et il reprit tout haut : — Dis donc, Frank, est-ce que tu ne le rouleras pas, ce brigand d'huissier ?

— Laissez faire... qu'il vienne, son compte est bon.

— Il va venir, prépare-toi.

— Je suis tout prêt, il portera mes marques.

— Ça fera une batterie, on renverra l'huissier à sa pistole et Frank au cachot — dit tout bas le Squelette au Gros-Boiteux — nous serons débarrassés de tous deux.

— Quelle sorbonne !... Ce Squelette est-il roué ! — dit le bandit avec admiration. Puis il reprit tout haut :

— Ah çà ! préviendra-t-on Pique-Vinaigre qu'on s'aidera de son conte pour engourdir le gardien et escarper le *mangeur* ?

— Non ; Pique-Vinaigre est trop mollasse et trop poltron ; s'il savait ça, il ne voudrait pas conter, mais le coup fait, il en prendra son parti.

La cloche du dîner sonna.

— A la pâtée, les chiens ! — dit le Squelette ; Pique-Vinaigre et Germain vont rentrer au préau. Attention, les amis, on m'appelle Mort-d'avance... mais le *mangeur* aussi est mort d'avance.

CHAPITRE VII.

LE CONTEUR.

Le nouveau détenu dont nous avons parlé, qui portait un bonnet de coton et une blouse grise, avait attentivement écouté et énergiquement approuvé le complot qui menaçait la vie de Germain... Cet homme, aux formes athlétiques, sortit du chauffoir avec les autres prisonniers sans avoir été remarqué, et se mêla bientôt aux différents groupes qui se pressaient dans la cour autour des distributeurs d'aliments qui portaient la viande cuite dans des bassines de cuivre et le pain dans de grands paniers.

Chaque détenu recevait un morceau de bœuf bouilli désossé qui avait servi à faire la soupe grasse du matin, trempée avec la moitié d'un pain supérieur en qualité au pain des soldats (1).

Les prisonniers qui possédaient quelque argent pouvaient acheter du vin à la cantine, et y aller boire, en terme de prison, la *gobette*.

Ceux enfin qui, comme Nicolas, avaient reçu des vivres du dehors, improvisaient un festin auquel ils invitaient d'autres détenus. Les convives du fils du supplicié furent le Squelette, Barbillon, et, sur l'observation de celui-ci, Pique-Vinaigre, afin de le bien disposer à conter.

Le jambonneau, les œufs durs, le fromage et le pain blanc dus à la libéralité forcée de Micou le recéleur furent étalés sur un des bancs du chauffoir, et le Squelette s'apprêta à

(1) Tel est le régime alimentaire des prisons : au repas du matin, chaque détenu reçoit une écuellée de soupe maigre ou grasse, trempée avec un demi-litre de bouillon. — Au repas du soir, une portion de bœuf d'un quarteron, sans os, ou une portion de légumes, haricots, pommes de terre, etc.; jamais les mêmes légumes deux jours de suite. — Sans doute les détenus ont droit, au nom de l'humanité, à cette nourriture saine et presque abondante... Mais, répétons-le, la plupart des ouvriers les plus laborieux, les plus rangés, ne mangent pas de viande et de soupe grasse dix fois par an.

faire honneur à ce repas, sans s'inquiéter du meurtre qu'il allait froidement commettre.

— Va donc voir si Pique-Vinaigre n'arrive pas. En attendant d'étrangler Germain, j'étrangle la faim et la soif; n'oublie pas de dire au Gros-Boiteux qu'il faut que Frank saute aux crins de l'huissier pour qu'on débarrasse la Fosse-aux-Lions de tous les deux.

— Sois tranquille, *Mort-d'avance*, si Frank ne roule pas l'huissier, ça ne sera pas de notre faute...

Et Nicolas sortit du chauffoir.

A ce moment même, maître Boulard entrait dans le préau en fumant un cigare, les mains plongées dans sa longue redingote de molleton gris, sa casquette à bec bien enfoncée sur ses oreilles, la figure souriante, épanouie; il avisa Nicolas, qui, de son côté, chercha aussitôt Frank des yeux.

Frank et le Gros-Boiteux dînaient assis sur un des bancs de la cour; ils n'avaient pu apercevoir l'huissier, auquel ils tournaient le dos.

Fidèle aux recommandations du Squelette, Nicolas, voyant du coin de l'œil maître Boulard venir à lui, n'eut pas l'air de le remarquer, et se rapprocha de Frank et du Gros-Boiteux.

— Bonjour, mon brave — dit l'huissier à Nicolas.

— Ah! bonjour, monsieur, je ne vous voyais pas; vous venez faire, comme d'habitude, votre petite promenade?

— Oui, mon garçon, et aujourd'hui j'ai deux raisons pour la faire... Je vas vous dire pourquoi : d'abord prenez ces cigares... voyons, sans façon... entre camarades, que diable! il ne faut pas se gêner.

—Merci, monsieur...Ah çà! pourquoi avez-vous deux raisons de vous promener?

— Vous allez le comprendre, mon garçon. Je ne me sens pas en appétit aujourd'hui... je me suis dit : En assistant au dîner de mes gaillards, à force de les voir travailler des mâchoires, la faim me viendra peut-être.

— C'est pas bête tout de même... Mais, tenez, si vous voulez voir deux cadets qui mastiquent crânement... — dit Nicolas en amenant peu à peu l'huissier tout près du banc de Frank qui lui tournait le dos — regardez-moi ces deux *avale-tout-crus*, la fringale vous galopera comme si vous veniez de manger un bocal de cornichons.

— Ah! parbleu... voyons donc ce phénomène — dit maître Boulard.

— Eh! Gros-Boiteux! — cria Nicolas.

Le Gros-Boiteux et Frank retournèrent vivement la tête.

L'huissier resta stupéfait, la bouche béante, en reconnaissant celui qu'il avait dépouillé.

Frank, jetant son pain et sa viande sur le banc, d'un bond sauta sur maître Boulard, qu'il prit à la gorge en s'écriant :

— Mon argent!

— Comment?.. quoi?.. monsieur... vous m'étranglez... je...

— Mon argent!..

— Mon ami... écoutez-moi...

— Mon argent!.. Et encore il est trop tard, car c'est ta faute... si je suis ici...

— Mais... je... mais...

— Si je vais aux galères, entends-tu, c'est ta faute; car si j'avais eu ce que tu m'as volé... je ne me serais pas vu dans la nécessité de voler... je serais resté honnête comme je voulais l'être... Et on t'acquittera peut-être... toi... On ne te fera rien, mais je te ferai quelque chose, moi... tu porteras mes marques... Ah! tu as des bijoux, des chaînes d'or, et tu voles le pauvre monde!.. Tiens... tiens... En as-tu assez? Non... tiens encore!..

— Au secours!.. au secours!..

Cria l'huissier en roulant sous les pieds de Frank, qui le frappait avec furie.

Les autres détenus, très-indifférents à cette rixe, faisaient cercle autour des deux combattants, ou plutôt autour du battant et du battu; car maître Boulard, essoufflé, épouvanté, ne faisait aucune résistance, et tâchait de parer, du mieux qu'il pouvait, les coups dont son adversaire l'accablait.

Heureusement le surveillant accourut aux cris de l'huissier et le retira des mains de Frank.

Maître Boulard se releva pâle, épouvanté, un de ses gros yeux contus; et, sans se donner le temps de ramasser sa casquette, il s'écria en courant vers le guichet :

— Gardien... ouvrez-moi... je ne veux pas rester une seconde de plus ici... au secours!..

— Et vous, pour avoir battu monsieur... suivez-moi chez le directeur — dit le gardien en prenant Frank au collet — vous en aurez pour deux jours de cachot.

— C'est égal, il a reçu sa paye — dit Frank.

— Ah çà! — lui dit tout bas le Gros-Boiteux en ayant l'air de l'aider à se rajuster — pas un mot de ce qu'on veut faire au *mangeur.* Sois tranquille, peut-être que si j'avais été là je l'aurais défendu... car tuer un homme pour ça... c'est dur; mais vous dénoncer, jamais.

— Allons, venez-vous? — dit le gardien.

— Nous voilà débarrassés de l'huissier et de Frank... maintenant, chaud, chaud, pour le *mangeur!* — dit Nicolas.

Au moment où Frank sortait du préau, Germain et Pique-Vinaigre y rentraient.

En entrant dans le préau, Germain n'était plus reconnaissable; sa physionomie, jusqu'alors triste, abattue, était radieuse et fière; il portait le front haut, et jetait autour de lui un regard joyeux et assuré... il était aimé... l'horreur de la prison disparaissait à ses yeux.

Pique-Vinaigre le suivait d'un air fort embarrassé; enfin, après avoir hésité deux ou trois fois à l'aborder, il fit un grand effort sur lui-même, et toucha légèrement le bras de Germain avant que celui-ci se fût rapproché des groupes de détenus qui de loin l'examinaient avec une haine sournoise. Leur victime ne pouvait leur échapper.

Malgré lui Germain tressaillit au contact de Pique-Vinaigre; car la figure et les haillons de l'ancien joueur de gobelets prévenaient peu en faveur de ce malheureux. Mais, se rappelant les recommandations de Rigolette et se trouvant d'ailleurs trop heureux pour n'être pas bienveillant, Germain s'arrêta et dit doucement à Pique-Vinaigre :

— Que voulez-vous?

— Vous remercier.

— De quoi?

— De ce que votre jolie petite visiteuse veut faire pour ma pauvre sœur...

— Je ne vous comprends pas... — dit Germain surpris.

— Je vas vous expliquer cela... Tout à l'heure, au greffe, j'ai rencontré le surveillant qui était de garde au parloir...

—Ah! oui... un bien brave homme...

— Ordinairement les geôliers ne répondent pas à ce nom-là... *brave homme*... mais le père Roussel, c'est différent... il le mérite... Tout à l'heure il m'a donc glissé dans le tuyau de l'oreille : Pique-Vinaigre, mon garçon, vous connaissez bien M. Germain? — Oui... la bête noire du préau, que je réponds. — Puis, s'interrompant, Pique-Vinaigre dit à Germain : — Pardon, excuse si je vous ai appelé bête noire... ne faites pas attention... attendez la fin.

— Je vous écoute.

— Oui donc — que je réponds — je connais M. Germain, la bête noire du préau. — Et la vôtre aussi peut-être, Pique-Vinaigre? — me demanda le gardien d'un air sévère. — Mon gardien, je suis trop poltron et trop bon enfant pour me permettre d'avoir aucune espèce de bête noire, blanche ou grise, et encore moins M. Germain que tout autre, car il ne paraît pas méchant, et on est injuste pour lui. — Eh bien ! Pique-Vinaigre, vous avez raison d'être du parti de M. Germain, car il a été bon pour vous. — Pour moi, gardien? Comment donc? — C'est-à-dire, ce n'est pas lui... et ça n'est pas pour vous ; mais, sauf cela, vous lui devez une fière reconnaissance — me répond le père Roussel.

— Voyons... expliquez-vous un peu plus clairement — dit Germain en souriant.

— C'est absolument ce que j'ai dit au gardien : — Parlez plus clairement. — Alors il m'a répondu : — Ce n'est pas M. Germain, mais sa jolie petite visiteuse qui a été pleine de bontés pour votre sœur. Elle l'a entendue vous raconter les malheurs de son ménage, et au moment où la pauvre femme sortait du parloir la jeune fille lui a offert de lui être utile autant qu'elle le pourrait.

— Bonne Rigolette ! — s'écria Germain attendri... — Elle s'est bien gardée de m'en rien dire!!!

— Oh! pour lors — que je réponds au gardien — je ne suis qu'une oie : vous aviez raison, M. Germain a été bon pour moi; car sa visiteuse, c'est comme qui dirait lui; et ma sœur Jeanne, c'est comme qui dirait moi, et bien plus que moi...

— Pauvre petite Rigolette! — reprit Germain — cela ne m'étonne pas... elle a un cœur si généreux, si compatissant.

— Le gardien a repris : — J'ai entendu tout cela sans faire semblant de rien. Vous voilà prévenu maintenant : si vous ne tâchiez pas de rendre service à M. Germain, si vous ne l'avertissiez pas dans le cas où vous sauriez quelque complot contre lui, vous seriez un gueux fini, Pique-Vinaigre... — Gardien, je suis un gueux commencé, c'est vrai ; mais pas encore un gueux fini... Enfin, puisque la visiteuse de M. Germain a voulu du bien à ma pauvre Jeanne... qui est une brave et honnête femme, celle-là, je m'en vante... je ferai pour M. Germain ce que je pourrai... malheureusement, ce ne sera pas grand'chose...

— C'est égal, faites toujours ; je vais aussi vous donner une bonne nouvelle à apprendre à M. Germain, je viens de la savoir à l'instant.

— Quoi donc? — demanda Germain.

— Il y aura demain matin une cellule vacante à la pistole, le gardien m'a dit de vous en prévenir.

— Il serait vrai! oh! quel bonheur! — s'écria Germain. — Ce brave homme avait raison, c'est une bonne nouvelle que vous m'apprenez là...

— Sans me flatter, je le crois bien, car votre place n'est pas d'être avec des gens comme nous, monsieur Germain... — Puis, s'interrompant, Pique-Vinaigre se hâta d'ajouter tout bas et rapidement en se baissant comme s'il eût ramassé quelque chose :—Tenez, monsieur Germain, voilà les détenus qui nous regardent, ils sont étonnés de nous voir causer ensemble... je vous laisse... défiez-vous... Si on vous cherche dispute, ne répondez pas; ils veulent un prétexte pour engager une querelle et vous battre... Barbillon doit engager la dispute, prenez garde à lui, je tâcherai de les détourner de leur idée.

Et Pique-Vinaigre se releva comme s'il eût trouvé ce qu'il semblait chercher depuis un moment.

— Merci, mon brave homme... je serai prudent — dit vivement Germain en se séparant de son compagnon.

Seulement instruit du complot du matin qui consistait à provoquer une rixe dans laquelle Germain devait être maltraité, afin de forcer ainsi le directeur de la prison à le changer de préau, non-seulement Pique-Vinaigre ignorait le meurtre récemment projeté par le Squelette, mais il ignorait encore que l'on comptait sur son récit de *Gringalet* et *Coupe-en-Deux* pour tromper et distraire la surveillance du gardien.

— Arrive donc, feignant... — dit Nicolas à Pique-Vinaigre en allant à sa rencontre; — Laisse là ta ration de *carne*, il y a noce et festin... je t'invite.

— Où ça? au Panier-Fleuri? au Petit-Ramponneau?

— Farceur!! Non, dans le chauffoir; la table est mise... sur un banc. Nous avons un jambonneau, des œufs et du fromage... c'est moi qui paie.

— Ça me va... mais c'est dommage de perdre ma ration, et encore plus dommage que ma sœur n'en profite pas... Ni elle ni ses enfants n'en voient pas souvent de la viande... à moins que ça ne soit à la porte des bouchers.

— Allons, viens vite, le Squelette s'embête; il est capable de tout dévorer avec Barbillon.

Nicolas et Pique-Vinaigre entrèrent dans le chauffoir; le Squelette, à cheval sur le bout du banc où étaient étalés les vivres de Nicolas, jurait et maugréait en attendant l'amphitryon.

— Te voilà, colimaçon, traînard! — s'écria le bandit à la vue du conteur; — qu'est-ce que tu faisais donc?

— Il causait avec Germain — dit Nicolas en dépeçant le jambon.

— Ah! tu causais avec Germain? — dit le Squelette en regardant attentivement Pique-Vinaigre sans s'interrompre de manger avec avidité.

— Oui! — répondit le conteur — en voilà encore un qui n'a pas inventé les tire-bottes et les œufs durs (je dis ça parce que j'adore ce légume). Est-il bête, ce Germain, est-il bête! Je me suis laissé dire qu'il mouchardait dans la prison : il est joliment trop colas pour ça!

— Ah! tu crois? — dit le Squelette en échangeant un coup d'œil rapide et significatif avec Nicolas et Barbillon.

— J'en suis sûr, comme voilà du jambon! Et puis comment diable voulez-vous qu'il mouchardé? il est toujours tout seul, il ne parle à personne et personne ne lui parle; il se sauve de nous comme si nous avions le choléra. S'il faut qu'il fasse des rapports avec ça, excusez du peu ! D'ailleurs, il ne mouchardera pas long-temps, il va à la pistole.

— Lui !... — s'écria le Squelette ; — et quand ?

— Demain matin, il y aura une cellule de vacante...

— Tu vois bien qu'il faut le tuer tout de suite. Il ne couche pas dans ma chambre ; demain il ne sera plus temps... Aujourd'hui nous n'avons que jusqu'à quatre heures... et voilà qu'il en est bientôt trois — dit tout bas le Squelette à Nicolas, pendant que Pique-Vinaigre causait avec Barbillon.

— C'est égal — reprit tout haut Nicolas en ayant l'air de répondre à une observation du Squelette—Germain a l'air de nous mépriser.

— Au contraire, mes enfants, reprit Pique-Vinaigre—vous l'intimidez, ce jeune homme ; il se regarde, auprès de vous, comme le dernier des derniers. Tout à l'heure savez-vous ce qu'il me disait ?

— Non ! voyons...

— Il me disait : « Vous êtes bien heureux, vous Pique-Vinaigre, d'oser parler avec ce fameux Squelette (il a dit fameux) comme de pair à compagnon ; moi j'en meurs d'envie de lui parler, mais il me produit un effet si respectueux... si respectueux... que je verrais M. le préfet de police en chair, en os et en uniforme, que je ne serais pas plus abalobé. »

— Il t'a dit cela ? — reprit le Squelette en feignant de croire et d'être sensible à l'impression d'*admiration* qu'il causait à Germain.

— Aussi vrai que tu es le plus grand brigand de la terre, il me l'a dit...

— Alors c'est différent — reprit le Squelette.—Je me raccommode avec lui. Barbillon avait envie de lui chercher dispute, il fera aussi bien de le laisser tranquille.

— Il fera mieux — s'écria Pique-Vinaigre, persuadé d'avoir détourné le danger dont Germain était menacé. — Il fera mieux, car ce pauvre garçon ne mordrait pas à une dispute ; il est dans mon genre, hardi comme un lièvre.

— Malgré ça, c'est dommage — reprit le Squelette. — Nous comptions sur cette batterie-là pour nous amuser après dîner ; le temps va nous paraître long.

—Oui, qu'est-ce que nous allons faire alors ? — dit Nicolas.

— Puisque c'est comme ça, que Pique-Vinaigre raconte une histoire à la chambrée, je ne chercherai pas querelle à Germain — dit Barbillon.

— Ça va, ça va — dit le conteur — c'est déjà une condition ; mais il y en a une autre... et sans les deux je ne conte pas.

— Voyons ton autre condition ?

— C'est que l'honorable société, qui est empoisonnée de capitalistes—dit Pique-Vinaigre en reprenant son accent de bateleur — me fera la bagatelle d'une cotisation de vingt sous... Vingt sous ! messieurs ! pour entendre le fameux Pique-Vinaigre, qui a eu l'honneur de travailler devant les *grinches* les plus renommés, devant les *escarpes* les plus fameux de France et de Navarre, et qui est incessamment attendu à Brest et à Toulon, où il se rend par ordre du gouvernement... Vingt sous !.. C'est pour rien, messieurs !

—Allons ! on te fera vingt sous... quand tu auras dit tes contes.

— Après?.. Non... avant — s'écria Pique-Vinaigre.

— Ah çà! dis donc, est-ce que tu nous crois capables de te filouter vingt sous? — dit le Squelette d'un air choqué.

— Du tout!.. — répondit Pique-Vinaigre; — j'honore la *pègre* de ma confiance, et c'est pour ménager sa bourse que je demande vingt sous d'avance.

— Ta parole d'honneur?

— Oui, messieurs; car après mon conte on sera si satisfait, que ce n'est plus vingt sous, mais vingt francs! mais cent francs qu'on me forcerait de prendre! Je me connais, j'aurais la petitesse d'accepter... Vous voyez donc bien que, par économie, vous ferez mieux de me donner vingt sous d'avance!

— Oh! ça n'est pas la blague qui te manque, à toi...

— Je n'ai que ma langue, faut bien que je m'en serve... Et puis, le fin mot, c'est que ma sœur et ses enfants sont dans une atroce débine... et vingt sous dans un petit ménage... ça se sent.

— Pourquoi qu'elle ne *grinche* pas, ta sœur,

et ses *mômes* aussi... s'ils ont l'âge? — dit Nicolas.

— Ne m'en parlez pas, elle me désole, elle me déshonore... je suis trop bon.

— Dis donc trop bête... puisque tu l'encourages...

— C'est vrai, je l'encourage dans le vice d'être honnête... Mais elle n'est bonne qu'à ce métier-là, elle m'en fait pitié, quoi!.. Ah çà! c'est convenu... je vous conterai ma fameuse histoire de *Gringalet* et *Coupe-en-Deux*... mais on me fera vingt sous... et Barbillon ne cherchera pas querelle à cet imbécile de Germain.

— On te fera vingt sous, et Barbillon ne cherchera pas querelle à cet imbécile de Germain — dit le Squelette.

— Alors... ouvrez vos oreilles, vous allez entendre du chenu... Mais voici la pluie... qui fait rentrer les pratiques : il n'y aura pas besoin de les aller chercher.

En effet, la pluie commençait à tomber; les prisonniers quittèrent la cour et vinrent se réfugier dans le chauffoir, toujours accompagnés d'un gardien.

Nous l'avons dit, ce chauffoir était une

grande et longue salle dallée, éclairée par trois fenêtres donnant sur la cour; au milieu se trouvait le calorifère, près duquel se tenaient le Squelette, Barbillon, Nicolas et Pique-Vinaigre. A un signe d'intelligence du prévôt, le Gros-Boiteux vint rejoindre ce groupe.

Germain entra l'un des derniers, absorbé dans de délicieuses pensées. Il alla machinalement s'asseoir sur le rebord de la dernière croisée de la salle, place qu'il occupait habituellement et que personne ne lui disputait; car elle était éloignée du poêle, autour duquel se groupaient les détenus.

Nous l'avons dit, une quinzaine de prisonniers avaient d'abord été instruits et de la trahison que l'on reprochait à Germain, et du meurtre qui devait l'en punir.

Mais, bientôt divulgué, ce projet compta autant d'adhérents qu'il y avait de détenus; ces misérables, dans leur aveugle cruauté, regardant cet affreux guet-apens comme une vengeance légitime et y voyant une garantie certaine contre les futures dénonciations des *mangeurs*.

Germain, Pique-Vinaigre et le gardien ignoraient seuls ce qui allait se passer.

L'attention générale se partageait entre le bourreau, la victime et le conteur qui allait innocemment priver Germain du seul secours que ce dernier pût attendre, car il était presque certain que le gardien, voyant les détenus attentifs aux récits de Pique-Vinaigre, croirait sa surveillance inutile, et profiterait de ce moment de calme pour aller prendre son repas.

En effet, lorsque tous les détenus furent entrés, le Squelette dit au gardien :

— Dites donc, vieux, Pique-Vinaigre a une bonne idée... il va nous conter son conte de *Gringalet* et *Coupe-en-Deux*. Il fait un temps à ne pas mettre un municipal dehors, nous allons attendre tranquillement l'heure d'aller à nos niches.

— Au fait, quand il bavarde, vous vous tenez tranquilles... Au moins on n'a pas besoin d'être sur votre dos.

— Oui — reprit le Squelette — mais Pique-Vinaigre demande cher... pour conter... il veut vingt sous.

— Oui... la bagatelle de vingt sous... et c'est

pour rien — s'écria Pique-Vinaigre. Oui, messieurs, pour rien, car il ne faudrait pas avoir un liard dans sa poche pour se priver d'entendre le récit des aventures du pauvre petit *Gringalet*, du terrible *Coupe-en-Deux* et du scélérat *Gargousse*... c'est à fendre le cœur et à hérisser les cheveux... Or, messieurs, qui est-ce qui ne pourrait pas disposer de la bagatelle de quatre liards, ou, si vous aimez mieux compter en kilomètres, la bagatelle de cinq centimes, pour avoir le cœur fendu et les cheveux hérissés?..

— Je mets deux sous... — dit le Squelette; et il jeta sa pièce devant Pique-Vinaigre. — Allons! est-ce que la *pègre* serait chiche pour un amusement pareil? — ajouta-t-il en regardant ses complices d'un air significatif.

Plusieurs sous tombèrent de côté et d'autre, à la grande joie de Pique-Vinaigre, qui songeait à sa sœur en faisant sa collecte.

— Huit, neuf, dix, onze, douze et treize! — s'écria-t-il en ramassant la monnaie — allons, messieurs les richards, les capitalistes et autres banquezingues, encore un petit effort, vous ne pouvez pas rester à treize, c'est un mauvais nombre... Il ne faut plus que sept sous... la bagatelle de sept sous !.. Comment, messieurs, il sera dit que la *pègre* de la Fosse-aux-Lions ne pourra pas réunir encore sept sous... sept malheureux sous !.. Ah ! messieurs, vous feriez croire qu'on vous a mis ici injustement ou que vous avez eu la main bien malheureuse.

La voix perçante et les lazzis de Pique-Vinaigre avaient tiré Germain de sa rêverie ; autant pour suivre les avis de Rigolette en se *popularisant* un peu que pour faire une légère aumône à ce pauvre diable qui avait témoigné quelque désir de lui être utile, il se leva et jeta une pièce de dix sous aux pieds du conteur, qui s'écria en désignant à la foule le généreux donataire :

— Dix sous, messieurs !.. vous voyez. Je parlais de capitaliste... honneur à monsieur, il se comporte en banquezingue, en ambassadeur, pour être agréable à la société... Oui, messieurs... car c'est à lui que vous devrez la plus grande part de *Gringalet* et de *Coupe-en-Deux*... et vous l'en remercierez. Quant aux trois sous de surplus que font sa pièce... je les mériterai en imitant la voix des personnages... au lieu de parler comme vous et moi... Ce sera encore une douceur que vous devrez à ce riche capitaliste, que vous devez adorer.

— Allons, ne blague pas tant et commence — dit le Squelette.

— Un moment, messieurs, dit Pique-Vinaigre — il est de toute justice que le capitaliste qui m'a donné dix sous... soit le mieux placé, sauf notre prévôt qui doit choisir.

Cette proposition servait si bien le projet du Squelette, qu'il s'écria :

— C'est vrai, après moi il doit être le mieux placé.

Et le bandit jeta un nouveau regard d'intelligence aux détenus.

— Oui, oui, qu'il s'approche — dirent-ils.

— Qu'il se mette au premier banc.

— Vous voyez, jeune homme... votre libéralité est récompensée... l'honorable société reconnaît que vous avez droit aux premières places — dit Pique-Vinaigre à Germain.

Croyant que sa *libéralité* avait réellement mieux disposé ses odieux compagnons en sa faveur, enchanté de suivre en cela les recommandations de Rigolette, Germain, malgré une assez vive répugnance, quitta sa place de prédilection et se rapprocha du conteur.

Celui-ci aidé de Nicolas et de Barbillon, ayant rangé autour du poêle les quatre ou cinq bancs du chauffoir, dit avec emphase :

— Voici les premières loges !.. à tout seigneur tout honneur... d'abord le capitaliste...

Maintenant, que ceux qui ont payé s'asseyent sur les bancs — ajouta gaiement Pique-Vinaigre, croyant fermement que Germain n'avait plus, grâce à lui, aucun péril à redouter. Et ceux qui n'ont pas payé — ajouta-t-il — s'asseyeront par terre ou se tiendront debout, à leur choix...

Résumons la disposition matérielle de cette scène :

Pique-Vinaigre, debout auprès du poêle, se préparait à conter.

Près de lui, le Squelette, aussi debout et, couvant Germain des yeux, prêt à s'élancer sur lui au moment où le gardien quitterait la salle.

A quelque distance de Germain, Nicolas, Barbillon, Cardillac et d'autres détenus, parmi lesquels on remarquait l'homme au bonnet de coton bleu et à la blouse grise, occupaient les derniers bancs.

Le plus grand nombre des prisonniers, groupés çà et là, les uns assis par terre, d'autres debout et adossés aux murailles, composaient les plans secondaires de ce tableau, éclairé à la Rembrandt par les trois fenêtres latérales qui jetaient de vives lumières et de vigoureuses ombres sur ces figures si diversement caractérisées et si durement accentuées.

Disons enfin que le gardien, qui devait, à son insu et par son départ, donner le signal du meurtre de Germain, se tenait auprès de la porte entr'ouverte.

— Y sommes-nous? — demanda Pique-Vinaigre au Squelette.

— Silence dans la *pègre*... — dit celui-ci en se retournant à demi; puis, s'adressant à Pique-Vinaigre : — Maintenant, commence ton conte, on t'écoute.

On fit un profond silence.

CHAPITRE VIII.

GRINGALET ET COUPE-EN-DEUX.

..... Rien de plus doux, de plus salutaire,
de plus précieux que vos paroles ; elles char-
ment, elles encouragent, elles améliorent...
(*Wolfrand*, liv. IV.)

Avant d'entamer le récit de Pique-Vinaigre, nous rappellerons au lecteur que, par un contraste bizarre, la majorité des détenus, malgré leur cynique perversité, affectionnent presque toujours les récits naïfs, nous ne voudrions pas dire puérils, où l'on voit, selon les lois d'une inexorable fatalité, l'opprimé vengé de son tyran après des épreuves et des traverses sans nombre.

Loin de nous la pensée d'établir d'ailleurs le moindre parallèle entre des gens corrompus et la masse honnête et pauvre ; mais ne sait-on pas avec quels applaudissements frénétiques le populaire des théâtres du boulevard accueille la délivrance de la victime, et de quelles malédictions passionnées il poursuit le méchant ou le traître?

On raille ordinairement ces incultes témoignages de sympathie pour ce qui est bon, faible et persécuté... d'aversion pour ce qui est puissant, injuste et cruel.

On a tort, ce nous semble.

Rien de plus consolant en soi que ces ressentiments de la foule.

N'est-il pas évident que ces instincts salutaires pourraient devenir des principes arrêtés chez les infortunés que l'ignorance et la pauvreté exposent incessamment à la subversive obsession du mal?

Comment ne pas tout espérer d'un peuple dont le bon sens moral se manifeste si invariablement? d'un peuple qui, malgré les prestiges de l'art, ne permettrait jamais qu'une œuvre dramatique fût dénouée par le triomphe du scélérat et par le supplice du juste?

Ce fait, dédaigné, moqué, nous paraît très considérable en raison des tendances qu'il constate, et qui souvent même se retrouvent, nous le répétons, parmi les êtres les plus corrompus, lorsqu'ils sont pour ainsi dire *au repos* et à l'abri des instigations ou des nécessités criminelles.

En un mot, puisque des gens endurcis dans le crime sympathisent encore quelquefois au récit et à l'expression des sentiments élevés, ne doit-on pas penser que tous les hommes ont plus ou moins en eux l'amour du beau, du bien, du juste, mais que la misère, mais que l'abrutissement, en faussant, en étouffant ces divins instincts, sont les causes premières de la dépravation humaine?

N'est-il pas évident qu'on ne devient généralement méchant que parce qu'on est malheureux, et qu'arracher l'homme aux terribles tentations du besoin par l'équitable amélioration de sa condition matérielle, c'est lui rendre praticables les vertus dont il a la conscience?

. . . .
. . . .

L'impression causée par le récit de Pique-Vinaigre démontrera, ou plutôt exposera, nous l'espérons, quelques-unes des idées que nous venons d'émettre.

Pique-Vinaigre commença donc son récit en ces termes au milieu du profond silence de son auditoire :

« — Il y a déjà pas mal de temps que s'est passée l'histoire que je vais raconter à l'honorable société. Ce qu'on appelait *la Petite-Pologne* n'était pas encore détruit. L'honorable société sait ou ne sait pas ce que c'était que la Petite-Pologne? »

— Connu — dit le détenu au bonnet bleu et à la blouse grise — c'étaient des cassines du côté de la rue du Rocher et de la rue de la Pépinière.

« — Justement, mon garçon — reprit Pique-Vinaigre — et le quartier de la Cité, qui n'est pourtant pas composé de palais, serait comme qui dirait la rue de la Paix ou la rue de Rivoli, auprès de la Petite-Pologne; quel *turne!* mais, du reste, fameux repaire pour la *pègre;* il n'y avait pas de rues, mais des ruelles; pas de maisons, mais des masures; pas de pavé, mais un petit tapis de boue et de fumier, ce qui faisait que le bruit des voitures ne vous aurait pas incommodé s'il en avait passé; mais il n'en passait pas. Du matin jusqu'au soir, et surtout du soir jusqu'au matin, ce qu'on ne cessait pas d'entendre, c'était des cris : *A la garde! au secours! au meurtre!* mais la garde ne se dérangeait pas. Tant plus il y avait d'assommés dans la Petite-Pologne, tant moins il y avait de gens à arrêter!

» Ça grouillait donc de monde là-dedans, fallait voir : il y logeait peu de bijoutiers, d'orfévres et de banquiers; mais, en revanche, il y avait des tas de joueurs d'orgue, de paillasses, de polichinelles ou de montreurs de bêtes curieuses. Parmi ceux-là il y en avait un qu'on nommait *Coupe-en-Deux*, tant il était méchant, mais il était surtout méchant pour les enfants... On l'appelait *Coupe-en-Deux* parce qu'on disait que d'un coup de hache il avait coupé en deux un petit Savoyard. »

A ce passage du récit de Pique-Vinaigre, l'horloge de la prison sonna trois heures un quart.

Les détenus rentrant dans les dortoirs à

quatre heures, le crime du Squelette devait être consommé avant ce moment.

— Mille tonnerres! le gardien ne s'en va pas — dit-il tout bas au Gros-Boiteux.

— Sois tranquille, une fois l'histoire en train, il filera...

Pique-Vinaigre continuait son récit :

« — On ne savait pas d'où venait Coupe-en-Deux; les uns disaient qu'il était Italien, d'autres Bohémien, d'autres Turc, d'autres Africain; les bonnes femmes disaient magicien, quoiqu'un magicien dans ce temps-ci paraisse drôle; moi, je serais assez tenté de dire comme les bonnes femmes. Ce qui faisait croire ça, c'est qu'il avait toujours avec lui un grand singe roux appelé *Gargousse*, et qui était si malin et si méchant qu'on aurait dit qu'il avait le diable dans le ventre. Tout à l'heure je vous reparlerai de Gargousse... Quant à Coupe-en-Deux, je vas vous le dévisager : il avait le teint couleur de revers de botte, les cheveux rouges comme les poils de son singe, les yeux verts, et ce qui ferait croire, comme les bonnes femmes, qu'il était magicien... c'est qu'il avait la langue noire... »

— La langue noire? — dit Barbillon.

— Noire comme de l'encre! — répondit Pique-Vinaigre.

— Et pourquoi ça?

« — Parce qu'étant grosse, sa mère avait probablement parlé d'un nègre — reprit Pique-Vinaigre avec une assurance modeste. — A cet agrément-là, Coupe-en-Deux joignait le métier d'avoir je ne sais combien de tortues, de singes, de cochons d'Inde, de souris blanches, de renards et de marmottes, qui correspondaient à un nombre égal de petits Savoyards ou d'enfants abandonnés.

» Tous les matins, Coupe-en-Deux distribuait à chacun sa bête et un morceau de pain noir, et en route... pour demander *un petit sou* ou faire danser la *Catarina*. Ceux qui le soir ne rapportaient pas au moins quinze sous étaient battus, mais battus! que dans les premiers temps on entendait les enfants crier d'un bout de la Petite-Pologne à l'autre.

» Faut vous dire aussi qu'il y avait dans la Petite-Pologne un homme qu'on appelait le *doyen*, parce que c'était le plus ancien de cette espèce de quartier, et qu'il en était comme qui dirait le maire, le prévôt, le juge-de-paix ou plutôt de guerre, car c'était dans sa cour (il était marchand de vin gargotier) qu'on allait se peigner devant lui, quand il n'y avait que ce moyen de s'entendre et de s'arranger. Quoique déjà vieux, le doyen était fort comme un Hercule et très craint; on ne jurait que par lui dans la Petite-Pologne; quand il disait : C'est bien, tout le monde disait : C'est très-bien; C'est mal, tout le monde disait : C'est mal; il était brave homme au fond, mais terrible; quand, par exemple, des gens forts faisaient la misère à de plus faibles qu'eux... alors, gare dessous !..

» Comme le doyen était le voisin de Coupe-en-Deux, il avait dans le commencement entendu les enfants crier, à cause des coups que le montreur de bêtes leur donnait; mais il lui avait dit : Si j'entends encore les enfants crier, je te fais crier à mon tour, et, comme tu as la voix plus forte, je taperai plus fort. »

— Farceur de doyen !.. j'aime le doyen, moi ! — dit le détenu à bonnet bleu.

— Et moi aussi — ajouta le gardien en se rapprochant du groupe.

Le Squelette ne put contenir un mouvement d'impatience courroucée.

Pique-Vinaigre continua :

« — Grâce au doyen, qui avait menacé Coupe-en-Deux, on n'entendait donc plus les enfants crier la nuit dans la Petite-Pologne ; mais les pauvres petits malheureux n'en souffraient pas moins ; car s'ils ne criaient plus quand leur maître les battait, c'est qu'ils craignaient d'être battus encore plus fort... Quant à aller se plaindre au doyen, ils n'en avaient pas seulement l'idée.

» Moyennant les quinze sous que chaque petit montreur de bêtes devait lui rapporter, Coupe-en-Deux les logeait, les nourrissait et les habillait.

» Le soir, un morceau de pain noir, comme à déjeuner... voilà pour la nourriture ; il ne leur donnait jamais d'habits... voilà pour l'habillement ; et il les enfermait la nuit pêle-mêle avec leurs bêtes, sur la même paille, dans un grenier où on montait par une échelle et par une trappe... voilà pour le logement. Une fois bêtes et enfants rentrés au complet, il retirait l'échelle et fermait la trappe à clef.

» Vous jugez la vie et le vacarme que ces singes, ces cochons d'Inde, ces renards, ces souris, ces tortues, ces marmottes et ces enfants faisaient sans lumière dans ce grenier, qui était grand comme rien. Coupe-en-Deux couchait dans une chambre au-dessous, ayant son grand singe Gargousse attaché au pied de son lit. Quand ça grouillait et que ça criait trop fort dans le grenier, le montreur de bêtes se levait sans lumière, prenait un grand fouet, montait à l'échelle, ouvrait la trappe et sans y voir fouaillait à tour de bras.

» Comme il avait toujours une quinzaine d'enfants, et que quelques-uns lui rapportaient, les innocents, quelquefois jusqu'à vingt sous par jour, Coupe-en-Deux, ses frais faits, et ils n'étaient pas gros, avait pour lui environ quatre francs ou cent sous par jour; avec ça, il ribotait, car notez bien que c'était aussi le plus grand soûlard de la terre, et qu'il était régulièrement mort-ivre une fois par jour... C'était son régime, il prétendait que sans cela il aurait eu mal à la tête toute la journée; faut dire aussi que sur son gain il achetait des cœurs de mouton à Gargousse, car son grand singe mangeait de la viande crue comme un vorace.

» Mais je vois que l'honorable société me demande Gringalet; le voici, messieurs... »

— Ah! voyons Gringalet, et puis je m'en vas manger ma soupe — dit le gardien.

Le Squelette échangea un regard de satisfaction féroce avec le Gros-Boiteux.

« — Parmi les enfants à qui Coupe-en-Deux distribuait ses bêtes — reprit Pique-Vinaigre — il y avait un pauvre petit diable surnommé Gringalet. Sans père ni mère, sans frère ni sœur, sans feu ni lieu, il se trouvait seul... tout seul dans le monde, où il n'avait pas demandé à venir, et d'où il pouvait partir sans que personne y prît garde.

» Il ne se nommait pas Gringalet pour son plaisir, allez! il était chétif, et malingre, et souffreteux, que c'était pitié; on lui aurait donné au plus sept ou huit ans, et il en avait treize; mais s'il ne paraissait que la moitié de son âge, ce n'était pas mauvaise volonté... car il n'avait environ mangé que de deux jours l'un, et encore si peu et si peu... si mal et si mal, qu'il faisait grandement les choses en paraissant avoir sept ans. »

— Pauvre moutard, il me semble le voir! — dit le détenu à bonnet bleu — il y en a tant d'enfants comme ça... sur le pavé de Paris, des petits crève-de-faim.

— Faut bien qu'ils commencent jeunes à apprendre cet état-là pour qu'ils puissent s'y faire — reprit Pique-Vinaigre en souriant avec amertume.

— Allons, va donc, dépêche-toi donc — dit brusquement le Squelette — le gardien s'impatiente, sa soupe se refroidit.

— Ah bah! c'est égal — reprit le surveillant — je veux encore faire un peu connaissance avec Gringalet, c'est amusant.

— Vraiment, c'est très-intéressant — ajouta Germain, attentif à ce récit.

— Ah merci! de ce que vous me dites là, mon capitaliste — répondit Pique-Vinaigre — ça me fait plus de plaisir encore que votre pièce de dix sous...

— Tonnerre de lambin! — s'écria le Squelette — finiras-tu de nous faire languir?

— Voilà! — reprit Pique-Vinaigre.

« Un jour, Coupe-en-Deux avait ramassé Gringalet dans la rue, mourant de froid et de faim; il aurait aussi bien fait de le laisser mourir. Comme Gringalet était faible, il était peureux; et comme il était peureux, il était devenu la risée et le pâtiras des autres petits montreurs de bêtes qui le battaient et lui faisaient tant et tant de misère qu'il en serait devenu méchant, si la force et le courage ne lui avaient pas manqué.

» Mais non... quand on l'avait beaucoup battu, il pleurait en disant : — Je n'ai fait de mal à personne, et tout le monde me fait du mal... c'est injuste... Oh! si j'étais fort... et hardi!.. — Vous croyez peut-être que Gringalet allait ajouter : — Je rendrais aux autres le mal qu'on m'a fait. — Eh bien! pas du tout... il disait : — Oh! si j'étais fort et hardi, je défendrais les faibles contre les forts, car je suis faible, et les forts m'ont fait souffrir!..

» En attendant, comme il était trop puceron pour empêcher les forts de molester les faibles, à commencer par lui-même, il empêchait les grosses bêtes de manger les petites... »

— En voilà-t-il une drôle d'idée? — dit le détenu au bonnet bleu.

« — Et ce qu'il y a de plus farce — reprit le

conteur — c'est qu'on aurait dit qu'avec cette idée-là Gringalet se consolait d'être battu... ce qui prouve qu'il n'avait pas au fond un mauvais cœur... »

— Pardieu, je crois bien... au contraire... — dit le gardien. — Diable de Pique-Vinaigre, est-il amusant !

A ce moment trois heures et demie sonnèrent.

Le bourreau de Germain et le Gros-Boiteux échangèrent un coup d'œil significatif.

L'heure avançait, le surveillant ne s'en allait pas, et quelques-uns des détenus, les moins endurcis, semblaient presque oublier les sinistres projets du Squelette contre Germain pour écouter avec avidité le récit de Pique-Vinaigre :

« — Quand je dis — reprit celui-ci — que Gringalet empêchait les grosses bêtes de manger les petites, vous entendez bien que Gringalet n'allait pas se mêler des affaires des tigres, des lions, des loups ou même des renards et des singes de la ménagerie de Coupe-en-Deux, il était trop peureux pour cela ; mais dès qu'il voyait, par exemple, une araignée embusquée dans sa toile pour y prendre une pauvre folle de mouche qui volait gaiement au soleil du bon Dieu, sans nuire à personne, crac, Gringalet donnait un coup de bâton dans la toile, délivrait la mouche, et écrasait l'araignée en vrai César... Oui! en vrai César... car il devenait blanc comme un linge en touchant à ces vilaines bêtes, il lui fallait donc de la résolution... à lui qui avait peur d'un hanneton, et qui avait été très-long-temps à se familiariser avec la tortue que Coupe-en-Deux lui distribuait tous les matins. Aussi Gringalet, en surmontant la frayeur que lui causaient les araignées, afin d'empêcher les mouches d'être mangées, se montrait... »

— Se montrait aussi crâne dans son espèce qu'un homme qui aurait attaqué un loup pour lui ôter un mouton de la gueule — dit le détenu au bonnet bleu....

— Ou qu'un homme qui aurait attaqué Coupe-en-Deux pour lui retirer Gringalet des pattes — ajouta Barbillon, aussi vivement intéressé.

« — Comme vous dites — reprit Pique-Vinaigre. — De sorte qu'après ces beaux coups-là, Gringalet ne se sentait plus si malheureux... Lui qui ne riait jamais, il souriait, il faisait le crâne, mettait son bonnet de travers (quand il avait un bonnet), et chantonnait *la Marseillaise* d'un air vainqueur... Dans ce moment-là, il n'y avait pas une araignée capable d'oser le regarder en face.

» Une autre fois, c'était un cri-cri qui se noyait et se débattait dans un ruisseau... vite Gringalet jetait bravement deux de ses doigts à la nage, et rattrapait le cri-cri, qu'il déposait ensuite sur un brin d'herbe... un maître nageur médailliste, qui aurait repêché son dixième noyé à cinquante francs par tête, n'aurait pas été plus fier que Gringalet quand il voyait son cri-cri gigotter et se sauver...

» Et pourtant le cri-cri ne lui donnait ni argent ni médaille, et ne lui disait pas seulement merci, non plus que la mouche... Mais alors, Pique-Vinaigre, mon ami, me dira l'honorable société, quel diable de plaisir Gringalet, que tout le monde battait, trouvait-il donc à être le libérateur des cris-cris et le bourreau des araignées? Puisqu'on lui faisait du mal, pourquoi qu'il ne se revengeait pas en faisant du mal selon sa force? par exemple en faisant manger des mouches par des araignées, ou en laissant les cris-cris se noyer... ou même en en noyant exprès... des cris-cris?.. »

— Oui, au fait, pourquoi ne se revengeait-il pas comme ça? — dit Nicolas.

— A quoi ça lui aurait-il servi? — dit un autre.

— Tiens, à faire du mal, puisqu'on lui en faisait!

— Non! eh bien, moi, je comprends ça, qu'il aimait à sauver des mouches... ce pauvre petit moutard! — reprit l'homme au bonnet bleu. — Il se disait peut-être: Qui sait si on ne me sauvera pas tout de même.

— Le camarade a raison — s'écria Pique-Vinaigre; — il a lu dans le cœur de ce que j'allais dégoiser à l'honorable société.

«— Gringalet n'était pas malin; il n'y voyait pas plus loin que le bout de son nez; mais il s'était dit: Coupe-en-Deux est mon araignée, peut-être bien qu'un jour quelqu'un fera pour moi ce que je fais pour les autres pauvres moucherons... qu'on lui démolira sa toile et qu'on m'ôtera de ses griffes. Car jusqu'alors, pour rien au monde, il n'aurait osé se sauver de chez son maître, il se serait cru mort. Pourtant, un jour que lui ni sa tortue n'avaient eu la chance, et qu'ils n'avaient gagné à eux deux que trois sous, Coupe-en-Deux se mit à battre le pauvre enfant si fort, si fort, que, ma foi, Gringalet n'y tint plus; lassé d'être le rebut et le martyr de tout le monde, il guette le moment où la trappe du grenier est ouverte, et pendant que Coupe-en-Deux donnait la pâtée à ses bêtes, il se laisse glisser le long de l'échelle... »

— Ah... tant mieux! — dit un détenu.

— Mais pourquoi qu'il n'allait pas se plaindre au doyen! dit le bonnet bleu — il aurait donné sa rincée à Coupe-en-Deux.

« — Oui, mais il n'osait pas... il avait trop peur, il aimait mieux tâcher de se sauver. Malheureusement Coupe-en-Deux l'avait vu; il vous l'empoigne par le cou et le remonte dans le grenier; cette fois-là, Gringalet, en pensant à ce qui l'attendait, frémit de tout son corps, car il n'était pas au bout de ses peines...

» A propos des peines de Gringalet, il faut que je vous parle de *Gargousse*, le grand singe favori de Coupe-en-Deux ; ce méchant animal était, ma foi, plus grand que Gringalet ; jugez quelle taille pour un singe ! Maintenant je vais vous dire pourquoi on ne le menait pas se montrer dans les rues comme les autres bêtes de la ménagerie ; c'est que Gargousse était si méchant et si fort, qu'il n'y avait eu, parmi tous les enfants, qu'un Auvergnat de quatorze ans, gaillard résolu qui, après s'être plusieurs fois colleté et battu avec Gargousse, avait fini par pouvoir le mâter, l'emmener et le tenir à la chaîne, et encore bien souvent il y avait eu des batailles où Gargousse avait mis son conducteur en sang.

» Embêté de ça, le petit Auvergnat s'était dit un beau jour : — Bon, bon, je me vengerai de toi, gredin de singe ! — Un matin donc il part avec sa bête comme à l'ordinaire ; pour l'amorcer, il achète un cœur de mouton ; pendant que Gargousse mange, il passe une corde dans le bout de sa chaîne, attache la corde à un arbre, et une fois que le gueux de singe est bien amarré, il vous lui flanque une dégelée de coups de bâton... mais une dégelée, que le feu y aurait pris. »

— Ah! c'est bien fait !
— Bravo, l'Auvergnat !
— Tape dessus, mon garçon !
— Ereinte-moi ce scélérat de Gargousse — dirent les détenus.

« — Et il tapait de bon cœur, allez — reprit Pique-Vinaigre. — Il fallait voir comme Gargousse criait, grinçait des dents, sautait, gambadait et de ci et de là ; mais l'Auvergnat lui ripostait avec son bâton, en veux-tu! en voilà!

» Malheureusement les singes sont comme les chats, ils ont la vie dure... Gargousse était aussi malin que méchant; quand il avait vu, c'est le cas de le dire, de quel bois ça chauffait pour lui, au plus beau moment de la dégelée il avait fait une dernière cabriole, était retombé à plat au pied de l'arbre, avait gigotté un moment, et puis fait le mort, ne bougeant pas plus qu'une bûche.

» L'Auvergnat n'en voulait pas davantage : croyant le singe assommé, il file, pour ne jamais remettre les pieds chez Coupe-en-Deux.

Mais le gueux de Gargousse le guettait du coin de l'œil; tout roué de coups qu'il était, dès qu'il se voit seul et que l'Auvergnat est loin, il coupe avec ses dents la corde qui attachait sa chaîne à l'arbre. Le boulevard Monceaux, où il avait reçu sa danse, était tout près de la Petite-Pologne; le singe connaissait son chemin comme son *Pater;* il détale donc en traînant la gigue, et arrive chez son maître qui rugit, qui écume, de voir son singe arrangé ainsi. Mais ça n'est pas tout : depuis ce moment-là Gargousse avait gardé une si furieuse rancune contre tous les enfants en général, que Coupe-en-Deux, qui n'était pourtant pas tendre, n'avait plus osé le donner à conduire à personne... de peur d'un malheur; car Gargousse aurait été capable d'étrangler ou de dévorer un enfant; et tous les petits montreurs de bêtes, sachant cela, se seraient plutôt laissé écharper par Coupe-en-Deux que d'approcher du singe. »

— Il faut décidément que j'aille manger ma soupe — dit le gardien, en faisant un pas vers la porte; ce diable de Pique-Vinaigre ferait descendre les oiseaux des arbres pour l'entendre... Je ne sais pas où il va pêcher ce qu'il raconte.

— Enfin... le gardien s'en va — dit tout bas le Squelette au Gros-Boiteux ; — je suis en nage, j'en ai la fièvre... tant je rage en dedans... Attention seulement à faire le mur autour du *mangeur*... je me charge du reste...

— Ah çà ! soyez sages — dit le gardien en se dirigeant vers la porte.

— Sages comme des images — répondit le Squelette en se rapprochant de Germain, pendant que le Gros-Boiteux et Nicolas, après s'être concertés d'un signe, firent deux pas dans la même direction.

— Ah ! respectable gardien... vous vous en allez au plus beau moment — dit Pique-Vinaigre d'un air de reproche.

Sans le Gros-Boiteux qui prévint son mouvement en le saisissant rapidement par le bras, le Squelette s'élançait sur Pique-Vinaigre.

— Comment, au plus beau moment ? — répondit le gardien en se retournant vers le conteur.

— Je crois bien — dit Pique-Vinaigre —

vous ne savez pas tout ce que vous allez perdre... Voilà ce qu'il y a de plus charmant dans mon histoire qui va commencer...

— Ne l'écoutez donc pas — dit le Squelette en contenant à peine sa fureur — il n'est pas en train aujourd'hui; moi je trouve que son conte est bête comme tout...

— Mon conte est bête comme tout? — s'écria Pique-Vinaigre froissé dans son amour-propre de narrateur! — eh bien, gardien... je vous en prie, je vous en supplie... restez jusqu'à la fin... j'en ai au plus encore pour un bon quart d'heure... d'ailleurs votre soupe est froide... maintenant, qu'est-ce que vous risquez? Je vas chauffer le récit pour que vous ayez encore le temps d'aller manger avant que nous remontions à nos dortoirs.

— Allons, je reste, mais dépêchez-vous — dit le gardien en se rapprochant.

— Et vous avez raison de rester, gardien; sans me vanter, vous n'aurez rien entendu de pareil, surtout à la fin; il y a le triomphe du singe et de Gringalet... escortés de tous les petits montreurs de bêtes et des habitants de la Petite-Pologne. Ma parole d'honneur, ça n'est pas pour faire le fier, mais c'est vraiment superbe...

— Alors... contez vite, mon garçon — dit le gardien en revenant auprès du poêle.

Le Squelette frémissait de rage...

Il désespérait presque d'accomplir son crime.

Une fois l'heure du coucher arrivée, Germain était sauvé; car il n'habitait pas le même dortoir que son implacable ennemi, et le lendemain, nous l'avons dit, il devait occuper l'une des cellules vacantes à la pistole.

Puis enfin le Squelette reconnaissait, aux interruptions de plusieurs détenus, qu'ils se trouvaient, grâce au récit de Pique-Vinaigre, transportés dans un milieu d'idées presque pitoyables; peut-être alors n'assisteraient-ils pas avec une féroce indifférence au meurtre affreux dont leur impassibilité devait les rendre complices.

Le Squelette pouvait empêcher le conteur de terminer son histoire, mais alors s'évanouissait sa dernière espérance de voir le gardien s'éloigner avant l'heure où Germain serait en sûreté.

— Ah! c'est bête comme tout! — reprit Pique-Vinaigre. — Eh bien! l'honorable société va juger de la chose...

« Il n'y avait donc pas d'animal plus méchant que le grand singe Gargousse, qui était surtout aussi acharné que son maître après les enfants... Qu'est-ce que fait Coupe-en-Deux pour punir Gringalet d'avoir voulu se sauver?.. ça... vous le saurez tout à l'heure; en attendant, il rattrape donc l'enfant, le refourre dans le grenier pour la nuit, en lui disant : — « Demain matin, quand tous tes camarades seront partis, je t'empoignerai, et tu verras ce que je fais à ceux qui veulent s'ensauver d'ici... »

» Je vous laisse à penser la terrible nuit que passa Gringalet. Il ne ferma presque pas l'œil; il se demandait ce que Coupe-en-Deux voulait lui faire... A force de se demander ça, il finit par s'endormir... Mais quel sommeil!.. Par là-dessus il eut un rêve... un rêve affreux... c'est-à-dire le commencement... vous allez voir...

» Il rêva qu'il était une de ces pauvres mouches comme il en avait tant fait se sauver des toiles d'araignées, et qu'à son tour il tombait dans une grande et forte toile où il se débattait, se débattait de toutes ses forces sans pouvoir s'en dépêtrer; alors il voyait venir vers lui, doucement, traîtreusement, une espèce de monstre qui avait la figure de Coupe-en-Deux sur un corps d'araignée...

» Mon pauvre Gringalet recommençait à se débattre, comme vous pensez... mais plus il faisait d'efforts, plus il s'enchevêtrait dans la toile, ainsi que font les pauvres mouches... Enfin l'araignée s'approche... le touche... et il sent les grandes pattes froides et velues de l'horrible bête l'attirer, l'enlacer... pour le dévorer... il se croit mort... mais voilà que tout à coup il entend une espèce de petit bourdonnement clair, sonore, aigu, et il voit un joli moucheron d'or, qui avait une espèce de dard fin et brillant comme une aiguille de diamant, voltiger autour de l'araignée d'un air furieux, et une voix... (quand je dis une voix, figurez-vous la voix d'un moucheron !) une voix qui lui disait : *Pauvre petite mouche... tu as sauvé des mouches... l'araignée ne...*

» Malheureusement Gringalet s'éveilla en

sursaut... et il ne vit pas la fin du rêve; malgré ça, il fut d'abord un peu rassuré en se disant : Peut-être que le moucheron d'or au dard de diamant aurait tué l'araignée, si j'avais vu la fin du songe.

» Mais Gringalet avait beau se bercer de cela pour se rassurer et se consoler, à mesure que la nuit finissait, sa peur revenait si forte qu'à la fin il oublia le rêve, ou plutôt il n'en retint que ce qui était effrayant : — la grande toile où il avait été enlacé et l'araignée à figure de Coupe-en-Deux... — Vous jugez quels frissons de peur il devait avoir... Dame! jugez donc, seul... tout seul... sans personne qui voulût le défendre!

» Sur le matin, quand il vit le jour petit à petit paraître par la lucarne du grenier, sa frayeur redoubla; le moment approchait où il allait se trouver seul avec Coupe-en-Deux. Alors il se jeta à genoux au milieu du grenier, et, pleurant à chaudes larmes, il supplia ses camarades de demander grâce pour lui à Coupe-en-Deux, ou bien de l'aider à se sauver s'il y avait moyen. Ah bien oui! les uns par peur du maître, les autres par insouciance, les autres par méchanceté refusèrent au pauvre Gringalet le service qu'il leur demandait. »

— Mauvais galopins! — dit le prisonnier au bonnet bleu; — ils n'avaient donc ni cœur ni ventre!

— C'est vrai — reprit un autre; — c'est tannant de voir ce petit abandonné de la nature entière.

— Et seul et sans défense encore — reprit le prisonnier au bonnet bleu; — car quelqu'un qui ne peut que tendre le cou sans se regimber, ça fait toujours pitié. Quand on a des dents pour mordre, alors c'est différent... ma foi... tu as des crocs?.. eh bien montre-les et défends ta queue, mon cadet!

— C'est vrai! — dirent plusieurs détenus.

— Ah çà! — s'écria le Squelette ne pouvant plus dissimuler sa rage et s'adressant au bonnet bleu — est-ce que tu ne te tairas pas, toi? est-ce que je n'ai pas dit : Silence dans la *pègre*?.. Suis-je ou non le prévôt, ici?..

Pour toute réponse, le bonnet bleu regarda le Squelette en face, puis il lui fit ce geste gouailleur parfaitement connu des gamins, qui consiste à appuyer sur le bout du nez le pouce de la main droite, ouverte en éventail, et à appuyer son petit doigt sur le pouce de la gauche, étendue de la même manière.

Le bonnet bleu accompagna cette *réponse* muette d'une mine si grotesque que plusieurs détenus rirent aux éclats, tandis que d'autres, au contraire, restèrent stupéfaits de l'audace du nouveau prisonnier, tant le Squelette était redouté.

Ce dernier montra le poing au bonnet bleu et lui dit en grinçant des dents :

— Nous compterons demain...

— Et je ferai l'addition sur ta frimousse... je poserai dix-sept calottes et je ne retiendrai rien...

De crainte que le gardien n'eût une nouvelle raison de rester afin de prévenir une rixe possible, le Squelette répondit avec calme :

— Il ne s'agit pas de ça, j'ai la police du chauffoir et l'on doit m'écouter, n'est-ce pas, gardien ?

— C'est vrai — dit le surveillant. — N'interrompez pas. Et toi continue, Pique-Vinaigre; mais dépêche-toi, mon garçon.

CHAPITRE IX.

LE TRIOMPHE DE GRINGALET ET DE GARGOUSSE.

« — Pour lors donc — reprit Pique-Vinaigre continuant son récit — Gringalet, se voyant abandonné de tout le monde, se résigne à son malheureux sort. Le grand jour vient, et tous les enfants s'apprêtent à décaniller avec leurs bêtes. Coupe-en-Deux ouvre la trappe et fait l'appel pour donner à chacun son morceau de pain; tous descendent par l'échelle, et Gringalet, plus mort que vif, rencogné dans un coin du grenier avec sa tortue, ne bougeait pas plus qu'elle; il regardait ses compagnons s'en aller les uns après les autres; il aurait donné bien des choses pour pouvoir faire comme eux... Enfin le dernier quitte le grenier. Le cœur battait bien fort au pauvre enfant; il espérait que peut-être son maître l'oublierait. Ah! bien oui, voilà qu'il entend Coupe-en-Deux, qui était resté au pied de l'échelle, crier d'une grosse voix :

» — Gringalet!.. Gringalet!..

» — Me voilà, mon maître.

» — Descends tout de suite, ou je te vais chercher — reprend Coupe-en-Deux.

» Pour le coup, Gringalet se croit à son dernier jour.

» — Allons — qu'il se dit en tremblant de tous ses membres et en se souvenant de son rêve — te voilà dans la toile, petit moucheron; l'araignée va te manger.

» Après avoir déposé tout doucement sa tortue par terre, il lui dit comme un adieu, car il avait fini par s'attacher à cette bête; il s'approche de la trappe. Il mettait le pied sur le haut de l'échelle pour descendre, quand Coupe-en-Deux, le prenant par sa pauvre jambe maigre comme un fuseau, le tira si fort, si brusquement, que Gringalet dégringola et se rabota toute la figure le long de l'échelle. »

— Quel dommage que le doyen de la Petite-Pologne ne se soit pas trouvé là... quelle danse à Coupe-en-Deux ! — dit le bonnet bleu ; — c'est dans ces moments-là qu'il est bon d'être fort...

« — Oui, mon garçon ; mais malheureusement le doyen ne se trouvait pas là !.. Coupe-en-Deux vous prend donc l'enfant par la peau de son pantalon et l'emporte dans son chenil, où il gardait le grand singe attaché au pied de son lit. Rien qu'à voir seulement l'enfant, voilà la mauvaise bête qui se met à bondir, à grincer des dents comme un furieux, à s'élancer de toute la longueur de sa chaîne à l'encontre de Gringalet, comme pour le dévorer. »

— Pauvre Gringalet, comment te tirer de là ?

— Mais s'il tombe dans les pattes du singe, il est étranglé net !

— Tonnerre... ça donne la petite mort — dit le bonnet bleu ; — moi, dans ce moment-ci, je ne ferais pas de mal à une puce... Et vous, les amis ?

— Ma foi, ni moi non plus.

— Ni moi.

A ce moment la pendule de la prison sonna le troisième quart de trois heures.

Le Squelette, craignant de plus en plus que le temps ne lui manquât, s'écria, furieux de ces interruptions qui semblaient annoncer que plusieurs détenus s'apitoyaient réellement :

— Silence donc dans la *pègre !*.. Il n'en finira jamais, ce conteur de malheur, si vous parlez autant que lui !

Les interrupteurs se turent :

Pique-Vinaigre continua :

« Quand on pense que Gringalet avait eu toutes les peines du monde à s'habituer à sa tortue, et que les plus courageux de ses camarades tremblaient au seul nom de Gargousse, on se figure sa terreur quand il se voit apporter par son maître tout près de ce gueux de singe.

» — Grâce... mon maître ! — criait-il en claquant ses deux mâchoires l'une contre l'autre, comme s'il avait eu la fièvre — grâce, mon maître, je ne le ferai plus, je vous le promets !..

» Le pauvre petit criait : — Je ne le ferai

plus ! — sans savoir ce qu'il disait, car il n'avait rien à se reprocher. Mais Coupe-en-Deux se moquait bien de ça... Malgré les cris de l'enfant, qui se débattait, il le met à la portée de Gargousse, qui saute dessus et l'empoigne... »

Une sorte de frémissement circula dans l'auditoire de plus en plus attentif.

— Comme j'aurais été bête de m'en aller —dit le gardien en se rapprochant davantage des groupes.

« Et ça n'est rien encore ; le plus beau n'est pas là, reprit Pique-Vinaigre. Dès que Gringalet sentit les pattes froides et velues du grand singe qui le saisissait par le cou et par la tête, il se crut dévoré, eut comme le délire, et se mit à crier avec des gémissements qui auraient attendri un tigre :

» — L'araignée de mon rêve, mon bon Dieu !.. l'araignée de mon rêve... petit moucheron d'or... à mon secours !

» — Veux-tu te taire... veux-tu te taire !.. — lui disait Coupe-en-Deux en lui donnant de grands coups de pied, car il avait peur qu'on n'entendît ses cris ; mais au bout d'une minute il n'y avait plus de risque, allez ! le pauvre Gringalet ne criait plus, ne se débattait plus ; à genoux et blanc comme un linge, il fermait les yeux et grelottait de tous ses membres ni plus ni moins que par un froid de janvier ; pendant ce temps-là, le singe le battait, lui tirait les cheveux et l'égratignait ; et puis de temps en temps la méchante bête s'arrêtait pour regarder son maître, absolument comme s'ils s'étaient entendus ensemble. Coupe-en-Deux, lui, riait si fort ! si fort ! que si Gringalet eût crié, les éclats de rire de son maître auraient couvert ses cris. On aurait dit que ça encourageait Gargousse, qui s'acharnait de plus belle après l'enfant. »

— Ah ! gredin de singe ! — s'écria le bonnet bleu. — Si je t'avais tenu par la queue, j'aurais mouliné avec toi comme avec une fronde, et je t'aurais cassé la tête sur un pavé.

— Gueux de singe ! il était méchant comme un homme !

— Il n'y a pas d'homme si méchant que ça !

« — Pas si méchant ! — reprit Pique-Vinaigre. — Et Coupe-en-Deux donc ? Jugez-en... voilà ce qu'il fait après : il détache du pied de son lit la chaîne de Gargousse, qui était très-longue, il retire un moment de ses pattes l'enfant plus mort que vif, et l'enchaîne de l'autre côté, de façon que Gringalet était à un bout de la chaîne et Gargousse à l'autre, tous les deux attachés par le milieu des reins, et séparés entre eux par environ trois pieds de distance. »

— Voilà-t-il une invention !

— C'est vrai, il y a des hommes plus méchants que les plus méchantes bêtes.

« Quand Coupe-en-Deux a fait ce coup-là, il dit à son singe, qui avait l'air de le comprendre, car ils méritaient bien de s'entendre :

» — Attention, Gargousse! on t'a montré, c'est toi qui à ton tour montreras Gringalet; il sera ton singe. Allons, houp! debout, Gringalet, ou je dis à Gargousse de piller sur toi...

» Le pauvre enfant était retombé à genoux, joignant les mains, mais ne pouvant plus parler; on n'entendait que ses dents claquer.

» — Tiens, fais-le marcher, Gargousse, — se mit à dire Coupe-en-Deux à son singe — et s'il rechigne, fais-lui comme moi...

» Et en même temps il donne à l'enfant une dégelée de coups de houssine, puis il remet la baguette au singe.

» Vous savez comme ces animaux sont imitateurs de leur nature, mais Gargousse l'était plus que non pas un ; le voilà donc qui prend la houssine d'une main et tombe sur Gringalet, qui est bien obligé de se lever. Une fois debout, il était, ma foi, à peu près de la même taille que le singe ; alors Coupe-en-Deux sort de sa chambre et descend l'escalier en appelant Gargousse, et Gargousse le suit en chassant Gringalet devant lui à grands coups de houssine, comme s'il avait été son esclave.

» Ils arrivent ainsi dans la petite cour de la masure de Coupe-en-Deux. C'est là où il comptait s'amuser ; il ferme la porte de la ruelle, et fait signe à Gargousse de faire courir l'enfant devant lui tout autour de la cour à grands coups de houssine.

» Le singe obéit, et se met à *courser* ainsi Gringalet en le battant, pendant que Coupe-en-Deux se tenait les côtes de rire. Vous croyez que cette méchanceté-là devait lui suffire? Ah! bien oui!.. ce n'était rien encore. Gringalet en avait été quitte jusque-là pour des égratignures, des coups de houssine et une peur horrible. Voilà ce qu'imagina Coupe-en-Deux :

» Pour rendre le singe furieux contre l'enfant qui tout essoufflé était déjà plus mort que vif, il prend Gringalet par les cheveux, fait semblant de l'accabler de coups et de le mordre, et il le rend à Gargousse en lui criant : Pille... pille... et ensuite il lui montre un morceau de cœur de mouton comme pour lui dire : Ça sera ta récompense...

» Oh! alors, mes amis, vraiment c'était un spectacle terrible...

» Figurez-vous un grand singe roux à museau noir, grinçant des dents comme un possédé, et se jetant furieux, quasi enragé, sur ce pauvre petit malheureux, qui, ne pouvant pas se défendre, avait été renversé du premier coup et s'était jeté à plat ventre, la face contre terre, pour n'être pas dévisagé. Voyant ça, Gargousse, que son maître aguichait toujours contre l'enfant, monte sur son dos, le prend par le cou et commence à lui mordre au sang le derrière de la tête.

» — Oh! l'araignée!.. de mon rêve... l'araignée!.. — criait Gringalet d'une voix étouffée, se croyant bien mort cette fois.

» Tout à coup on entend frapper à la porte. Pan!.. pan!.. pan!.. »

— Ah! le doyen!.. — s'écrièrent les prisonniers avec joie. — Enfin!!!

« — Oui, cette fois c'était lui, mes amis ; il criait à travers la porte :

» — Ouvriras-tu, Coupe-en-Deux? ouvriras-tu?.. Ne fais pas le sourd ; car je te vois... par le trou de la serrure!

» Le montreur de bêtes, forcé de répondre, s'en va tout grognant ouvrir au doyen, qui était un gaillard solide comme un pont, malgré ses cinquante ans, et avec lequel il ne fallait pas badiner quand il se fâchait.

» — Qu'est-ce que vous me voulez? — lui dit Coupe-en-Deux en entre-bâillant la porte.

» — Je veux te parler — dit le doyen qui entra presque de force dans la petite cour; puis, voyant le singe toujours acharné après Gringalet, il court, vous empoigne Gargousse par la peau du cou, veut l'arracher de dessus l'enfant et le jeter à dix pas; mais il s'aperçoit seulement alors que l'enfant était enchaîné au singe. Voyant ça, le doyen regarde Coupe-en-Deux d'un air terrible et lui crie : — Viens tout de suite désenchaîner ce petit malheureux !

» Vous jugez de la joie, de la surprise de Gringalet, qui, à demi mort de frayeur, se voit sauvé si à propos... et comme par miracle. Aussi il ne put s'empêcher de se souvenir du moucheron d'or de son rêve, quoique le doyen n'eût pas l'air d'un moucheron, le gaillard, tant s'en faut... »

— Allons — dit le gardien en faisant un pas vers la porte — voilà Gringalet sauvé, je vais manger ma soupe.

« — Sauvé ! — s'écria Pique-Vinaigre — ah bien oui, sauvé ! il n'est pas au bout de ses peines, allez, le pauvre Gringalet. »

— Vraiment ? — dirent quelques détenus avec intérêt.

—Mais qu'est-ce donc qui va lui arriver ? —reprit le gardien en se rapprochant.

— Restez, gardien, vous le saurez — reprit le conteur.

— Diable de Pique-Vinaigre, il vous fait faire tout ce qu'il veut — dit le gardien ; — ma foi, je reste encore un peu.

— Le Squelette, muet, écumait de rage.
Pique-Vinaigre continua.

« — Coupe-en-Deux, qui craignait le doyen comme le feu, avait, tout en grognant, détaché l'enfant de la chaîne ; quand c'est fait, le doyen jette Gargousse en l'air, le reçoit au bout d'un grandissime coup de pied dans les reins, et l'envoie rouler à dix pas... Le singe crie comme un brûlé, grince des dents, mais il se sauve lestement et va se réfugier au faîte d'un petit hangar d'où il montre le poing au doyen.

» — Pourquoi battez-vous mon singe ? — dit Coupe-en-Deux au doyen.

» — Tu devrais me demander plutôt pourquoi je ne te bats pas toi-même... Faire ainsi souffrir cet enfant ! Tu t'es donc soûlé de bien bonne heure ce matin ?

» — Je ne suis pas plus soûl que vous ; j'apprenais un tour à mon singe : je veux donner une représentation où lui et Gringalet paraîtront ensemble, je fais mon état, de quoi vous mêlez-vous ?

— » Je me mêle de ce qui me regarde. Ce matin, en ne voyant pas Gringalet passer devant ma porte avec les autres enfants, je leur ai demandé où il était; ils ne m'ont pas répondu, ils avaient l'air embarrassé ; je te connais, j'ai deviné que tu ferais quelque mauvais coup sur lui, et je ne me suis pas trompé. Écoute-moi bien : toutes les fois que je ne verrai pas Gringalet passer devant ma porte avec les autres le matin, j'arriverai ici dare-dare, et il faudra que tu me le montres ou sinon... je t'assomme...

— » Je ferai ce que je voudrai, je n'ai pas d'ordre à recevoir de vous — lui répondit Coupe-en-Deux, irrité de cette menace de surveillance. — Vous n'assommerez rien du tout, et si vous ne vous en allez pas d'ici, ou si vous revenez... je vous...

— Vli-vlan, fit le doyen en interrompant Coupe-en-Deux par un duo de calottes à assommer un rhinocéros — voilà ce que tu mérites pour répondre ainsi au doyen de la Petite-Pologne. »

— Deux calottes, c'était bien maigre — dit le bonnet bleu; — à la place du doyen, je lui aurais trempé une drôle de soupe grasse.

— Et il ne l'aurait pas volée — ajouta un détenu.

« — Le doyen — reprit Pique-Vinaigre — en aurait mangé dix comme Coupe-en-Deux. Le montreur de bêtes fut donc obligé de mettre les calottes dans son sac; mais il n'en était pas moins furieux d'être battu, et surtout d'être battu devant Gringalet. Aussi, à ce moment même, il se promit de s'en venger, et il lui vint une idée qui ne pouvait venir qu'à un démon de méchanceté commé lui. Pendant qu'il ruminait cette idée diabolique en se frottant les oreilles, le doyen lui dit :

» — Rappelle-toi que si tu t'avises de faire encore souffrir cet enfant, je te forcerai à filer de la Petite-Pologne, toi et tes bêtes, sans quoi j'ameuterai tout le monde contre toi; tu sais qu'on te déteste déjà, aussi on te fera une *conduite* dont ton dos se souviendra, je t'en réponds.

» En traître qu'il était et pour pouvoir exécuter son idée scélérate, au lieu de continuer à se fâcher contre le doyen, Coupe-en-Deux fait le bon chien et dit d'un air câlin :

» — Foi d'homme, doyen, vous avez tort de m'avoir battu, et de croire que je veux du mal à Gringalet; au contraire, je vous répète que j'apprenais un nouveau tour à mon singe; il n'est pas commode quand il se rebiffe, et, dans la bagarre, le petit a été mordu, j'en suis fâché.

» — Hum!... — fit le doyen, en le regardant de travers — est-ce bien vrai, ce que tu me dis là? D'ailleurs, si tu veux apprendre un tour à ton singe, pourquoi l'attaches-tu à Gringalet?

» — Parce que Gringalet doit être aussi du tour. Voilà ce que je veux faire : j'habillerai Gargousse avec un habit rouge et un chapeau à plumes comme un marchand de vulnéraire suisse; j'asseoirai Gringalet dans une petite chaise d'enfant, puis je lui mettrai une serviette au cou, et le singe, avec un grand rasoir de bois, aura l'air de lui faire la barbe.

» Le doyen ne put s'empêcher de rire à cette idée.

» — N'est-ce pas que c'est farce? — reprit Coupe-en-Deux d'un air sournois.

» — Le fait est que c'est farce — dit le doyen — d'autant plus qu'on dit ton gueux de singe assez adroit et assez malin pour jouer une parade pareille.

» — Je le crois bien... Quand il m'aura vu cinq ou six fois faire semblant de raser Gringalet, il m'imitera avec son grand rasoir de bois; mais pour ça il faut qu'il s'habitue à l'enfant; aussi je les avais attachés ensemble.

» — Mais pourquoi as-tu choisi Gringalet plutôt qu'un autre?

» — Parce qu'il est le plus petit de tous, et qu'étant assis Gargousse sera plus grand que lui; d'ailleurs, je voulais donner la moitié de la recette à Gringalet.

» — Si c'est comme cela — dit le doyen rassuré par l'hypocrisie du montreur de bêtes, je regrette la tournée que je t'ai donnée; alors mets que c'est une avance...

» Pendant le temps que son maître parlait avec le doyen, Gringalet, lui, n'osait pas souftler ; il tremblait comme la feuille, et mourait d'envie de se jeter aux pieds du doyen pour le supplier de l'emmener de chez le montreur de bêtes ; mais le courage lui manquait, et il recommençait à se désespérer tout bas en disant : — Je serai comme la pauvre mouche de mon rêve, l'araignée me dévorera ; j'avais tort de croire que le moucheron d'or me sauverait.

» — Allons, mon garçon, puisque le père Coupe-en-Deux te donne la moitié de la recette, ça doit t'encourager à t'habituer au singe... Bah ! bah ! tu t'y feras, et si la recette est bonne tu n'auras pas à te plaindre.

» — Lui ! se plaindre ! Est-ce que tu as à te plaindre ? — lui demanda son maître en le regardant à la dérobée d'un air si terrible, que l'enfant aurait voulu être à cent pieds sous terre.

» — Non... non... mon maître — répondit-il en balbutiant.

» — Vous voyez bien, doyen — dit Coupe-en-Deux — il n'a jamais eu à se plaindre ; je ne veux que son bien après tout. Si Gargousse l'a égratigné une première fois, cela n'arrivera plus, je vous le promets; j'y veillerai.

» —A la bonne heure! Ainsi, tout le monde sera content.

»—Gringalet tout le premier—dit Coupe-en-Deux.—N'est-ce pas, que tu seras content?

» — Oui, oui... mon maître... — dit l'enfant tout tremblant.

» — Et pour te consoler de tes égratignures, je te donnerai ta part d'un bon déjeuner, car le doyen va m'envoyer un plat de côtelettes aux cornichons, quatre bouteilles de vin et un demi-setier d'eau-de-vie.

» — A ton service, Coupe-en-Deux, ma cave et ma cuisine luisent pour tout le monde.

» Au fond, le doyen était brave homme, mais il n'était pas malin et il aimait à vendre son vin et son fricot aussi. Le gueux de Coupe-en-Deux le savait bien; vous voyez qu'il le renvoyait content de lui vendre à boire et à manger et rassuré sur le sort de Gringalet.

» Voilà donc ce pauvre petit retombé au pouvoir de son maître. Dès que le doyen a les talons tournés, Coupe-en-Deux montre l'escalier à son pâtiras et lui ordonne de remonter vite dans son grenier; l'enfant ne se le fait pas dire à deux fois, il s'en va tout effrayé.

» — Mon bon Dieu! je suis perdu — s'écrie-t-il en se jetant sur la paille à côté de sa tortue, et en pleurant à chaudes larmes. Il était là depuis une bonne heure à sangloter, lorsqu'il entend la grosse voix de Coupe-en-Deux qui l'appelait... Ce qui augmentait encore la peur de Gringalet, c'est qu'il lui semblait que la voix de son maître n'était pas comme à l'ordinaire.

» — Descendras-tu bientôt? — reprend le montreur de bêtes avec un tonnerre de jurements.

» L'enfant se dépêche vite de descendre par l'échelle; à peine a-t-il mis le pied par terre, que son maître le prend et l'emporte dans sa chambre en trébuchant à chaque pas, car Coupe-en-Deux avait tant bu, tant bu, qu'il était soûl comme une grive et qu'il se tenait à peine sur ses jambes; son corps se penchait tantôt en avant, et tantôt en arrière, et il regardait Gringalet en roulant des yeux d'un air féroce, mais sans parler; il avait, comme on dit, la bouche trop épaisse : jamais l'enfant n'en avait eu plus peur.

» Gargousse était enchaîné au pied du lit.

» Au milieu de la chambre il y avait une chaise, avec une corde pendante au dossier...

» Ass... assis-toi... là... — continua Pique-Vinaigre en imitant, jusqu'à la fin de ce récit, le bégaiement empâté d'un homme ivre, lorsqu'il faisait parler Coupe-en-Deux.

» Gringalet s'assied tout tremblant ; alors Coupe-en-Deux, toujours sans parler, l'entortille de la grande corde et l'attache sur la chaise, et cela pas facilement, car, quoique le montreur de bêtes eût encore un peu de *vue* et de connaissance, vous pensez qu'il faisait les nœuds doubles. Enfin voilà Gringalet solidement amarré sur sa chaise. — Mon bon Dieu ! mon bon Dieu ! — murmurait-il — cette fois, personne ne viendra me délivrer.

» Pauvre petit, il avait raison, personne ne pouvait, ne devait venir, comme vous allez le voir : le doyen était parti rassuré, Coupe-en-Deux avait fermé la porte de sa cour en dedans à double tour, mis le verrou ; personne ne pouvait donc venir au secours de Gringalet. »

— Oh! pour cette fois — se dirent les prisonniers impressionnés par ce récit — Gringalet, tu es perdu...

— Pauvre petit...

— Quel dommage!

—S'il ne fallait que donner vingt sous pour le sauver, je les donnerais.

— Moi aussi.

— Gueux de Coupe-en-Deux!

— Qu'est-ce qu'il va lui faire?

Pique-Vinaigre continua :

« Quand Gringalet fut bien attaché sur sa chaise, son maître lui dit — et le conteur imita de nouveau l'accent d'un homme ivre : — Ah!.. gredin... c'est toi... qui as été cause que... que j'ai été battu par le doyen... tu... vas mou... mourir...

» Et il tire de sa poche un grand rasoir tout fraîchement repassé, l'ouvre, et prend d'une main Gringalet par les cheveux... »

Un murmure d'indignation et d'horreur circula parmi les détenus et interrompit un moment Pique-Vinaigre, qui reprit :

« A la vue du rasoir, l'enfant se mit à crier:

» — Grâce! mon maître... grâce! ne me tuez pas!

» — Va, crie... crie... môme... tu ne crieras pas long-temps — répondit Coupe-en-Deux.

» — Moucheron d'or! moucheron d'or! à mon secours! — cria le pauvre Gringalet presque en délire, et se rappelant son rêve qui l'avait tant frappé; — voilà l'araignée qui va me tuer!

» — Ah! tu m'app... tu m'appelles... araignée, toi... — dit Coupe-en-Deux. — A cause de ça... et d'autres... d'autres choses, tu vas mourir... entends-tu... mais..... pas de ma main... parce que... la... chose... et puis qu'on me guillotinerait... je dirai... et... prou... prouverai que c'est... le singe... J'ai... tantôt... préparé la chose... a... a... enfin n'importe — dit Coupe-en-Deux en se soutenant à peine; puis, appelant son singe, qui, au bout de sa chaîne, la tendait de toutes ses forces en grinçant des dents et en regardant tour à tour son maître et l'enfant :

» — Tiens, Gargousse — lui dit-il en lui montrant le rasoir et Gringalet qu'il tenait par les cheveux — tu vas lui faire comme ça... vois-tu ?..

» Et, passant à plusieurs reprises le dos du rasoir sur le cou de Gringalet, il fit comme s'il lui coupait le cou.

» Le gueux de singe était si imitateur, si méchant et si malin, qu'il comprit ce que son maître voulait ; et, comme pour le lui prouver, il se prit le menton avec la patte gauche, renversa sa tête en arrière, et avec sa patte droite il fit mine de se couper le cou.

» — C'est ça, Gargousse... ça y est — dit Coupe-en-Deux en balbutiant, en fermant les yeux à demi et en trébuchant si fort, qu'il manqua de tomber avec Gringalet et la chaise... — Oui, ça y est... je vas te... dé... détacher, et tu... lui couperas le sifflet, n'est-ce pas, Gargousse ?

» Le singe cria en grinçant des dents, comme pour dire oui, et avança la patte pour prendre le rasoir que Coupe-en-Deux lui tendait.

» — Moucheron d'or, à mon secours ! — murmura Gringalet d'une pauvre voix mourante, certain cette fois d'être à sa dernière heure.

» Car, hélas! il appelait le moucheron d'or à son secours sans y compter et sans l'espérer; mais il disait cela comme on dit : Mon Dieu! mon Dieu! quand on se noie...

» Eh bien! pas du tout.

» Voilà-t-il pas qu'à ce moment-là Gringalet voit entrer par la fenêtre ouverte une de ces petites mouches vertes et or, comme il y en a tant; on aurait dit une étincelle de feu qui voltigeait, voltigeait, et juste à l'instant où Coupe-en-Deux venait de donner le rasoir à Gargousse, le moucheron d'or s'en va se *ploquer* droit dans l'œil de ce méchant brigand.

» Une mouche dans l'œil, ça n'est pas grand'chose; mais, dans le moment, vous savez que ça cuit comme une piqûre d'épingle; aussi Coupe-en-Deux, qui se soutenait à peine, porta vivement la main à son œil, et ça par un mouvement si brusque, qu'il trébucha, tomba tout de son long, et roula comme une masse au pied du lit où était enchaîné Gargousse.

» — Moucheron d'or, merci..... tu m'as

sauvé ! — cria Gringalet ; car, toujours assis et attaché sur sa chaise, il avait tout vu. »

— C'est, ma foi, vrai pourtant, le moucheron d'or l'a empêché d'avoir le cou coupé — s'écrièrent les détenus transportés de joie.

— Vive le moucheron d'or ! — cria le bonnet bleu.

— Oui, vive le moucheron d'or ! — répétèrent plusieurs voix.

— Vive Pique-Vinaigre et ses contes ! — dit un autre.

— Attendez donc — reprit le conteur — voici le plus beau et le plus terrible de l'histoire que je vous avais promise :

« Coupe-en-Deux avait tombé par terre comme un plomb ; il était si soûl, si soûl, qu'il ne remuait pas plus qu'une bûche... il était ivre-mort... quoi ! et sans connaissance de rien ; mais en tombant il avait manqué d'écraser Gargousse, et lui avait presque cassé une patte de derrière... Vous savez comme ce vilain animal était méchant, rancunier et malicieux. Il n'avait pas lâché le rasoir que son maître lui avait donné pour couper le cou à Gringalet. Qu'est-ce que fait mon gueux de singe quand il voit son maître étendu sur le dos, immobile comme une carpe pâmée et bien à sa portée, il saute sur lui, s'accroupit sur sa poitrine, d'une de ses pattes lui tend la peau du cou, et de l'autre... crac... il vous lui coupe le sifflet net comme verre... juste comme Coupe-en-Deux lui avait enseigné à le faire sur Gringalet. »

— Bravo!..

— C'est bien fait!..

— Vive Gargousse!.. — crièrent les détenus avec enthousiasme.

— Vive le petit moucheron d'or!

— Vive Gringalet!

— Vive Gargousse!

— Eh bien! mes amis — s'écria Pique-Vinaigre enchanté du succès de son récit — ce que vous criez-là, toute la Petite-Pologne le criait une heure plus tard. »

— Comment cela... comment?

« — Je vous ai dit que pour faire son mauvais coup tout à son aise, le gueux de Coupe-en-Deux avait fermé sa porte en dedans. A la brune, voilà les enfants qui arrivent les uns après les autres avec leurs bêtes; les premiers

cognent, personne ne répond; enfin, quand
ils sont tous rassemblés, ils recognent, rien...
l'un d'eux s'en va trouver le doyen et lui dire
qu'ils avaient beau frapper, et que leur maître
ne leur ouvrait pas. — Le gredin se sera soûlé
comme un Anglais — dit-il — je lui ai envoyé
du vin tantôt; faut enfoncer sa porte, ces enfants ne peuvent pas rester la nuit dehors.

» On enfonce la porte à coups de merlin,
on entre, on monte, on arrive dans la chambre; et qu'est-ce qu'on voit? Gargousse enchaîné et accroupi sur le corps de son maître,
et jouant avec le rasoir; le pauvre Gringalet,
heureusement hors de la portée de la chaîne
de Gargousse, toujours assis et attaché sur sa
chaise, n'osant pas lever les yeux sur le corps
de Coupe-en-Deux, et regardant, devinez quoi?
la petite mouche d'or, qui, après avoir voleté
autour de l'enfant comme pour le féliciter,
était enfin venue se poser sur sa petite main.

» Gringalet raconta tout au doyen et à la
foule qui l'avait suivi; ça paraissait vraiment,
comme on dit, un coup du ciel; aussi le doyen
s'écrie : — Un triomphe à Gringalet... un
triomphe à Gargousse qui a tué ce mauvais

brigand de Coupe-en-Deux. Il coupait les autres... c'était son tour d'être coupé.

» Oui! oui! — dit la foule — car le montreur de bêtes était détesté de tout le monde — un triomphe à Gargousse! un triomphe à Gringalet!

» Il faisait nuit, on allume des torches de paille, on attache Gargousse sur un banc que quatre gamins portaient sur leurs épaules; le gredin de singe n'avait pas l'air de trouver ça trop beau pour lui, et il prenait des airs de triomphateur en montrant les dents à la foule. Après le singe venait le doyen, portant Gringalet dans ses bras; tous les petits montreurs de bêtes, chacun avec la sienne, entouraient le doyen, l'un portait son renard, l'autre sa marmotte, l'autre son cochon d'Inde; ceux qui jouaient de la vielle, jouaient de la vielle; il y avait des charbonniers auvergnats avec leur musette, qui en jouaient aussi; c'était enfin un tintamarre, une joie, une fête qu'on ne peut s'imaginer! Derrière les musiciens et les montreurs de bêtes, venaient tous les habitants de la Petite-Pologne, hommes, femmes, enfants; presque tous tenaient à la main des torches de paille, et criaient comme des enragés : Vive Gringalet! vive Gargousse!.. Le cortége fait dans cet ordre-là le tour de la cassine de Coupe-en-Deux. C'était un drôle de spectacle, allez, que ces vieilles masures et toutes ces figures éclairées par la lueur rouge des feux de paille qui flamboyaient... flamboyaient!.. Quant à Gringalet, la première chose qu'il avait faite, une fois en liberté, ça avait été de mettre la petite mouche d'or dans un cornet de papier, et il répétait tout le temps de son triomphe :

» Petits moucherons, j'ai bien fait d'empêcher les araignées de vous manger, car... »

La fin du récit de Pique-Vinaigre fut interrompue.

— Eh! père Roussel — cria une voix du dehors — viens donc manger ta soupe; quatre heures vont sonner dans dix minutes.

— Ma foi! l'histoire est à peu près finie, j'y vais. Merci, mon garçon, tu m'as joliment amusé, tu peux t'en vanter — dit le surveillant à Pique-Vinaigre en allant vers la porte... Puis, s'arrêtant : — Ah çà! soyez sages... — dit-il aux détenus en se retournant.

—Nous allons entendre la fin de l'histoire—dit le Squelette haletant de fureur contrainte. Puis il dit tout bas au Gros-Boiteux : —Va sur le pas de la porte, suis le gardien des yeux, et quand tu l'auras vu sortir de la cour, crie *Gargousse!* et le *mangeur* est mort...

— Ça y est — dit le Gros-Boiteux qui accompagna le gardien et resta debout à la porte du chauffoir, l'épiant du regard.

« Je vous disais donc — reprit Pique-Vinaigre — que Gringalet, tout le temps de son triomphe, se disait : — Petits moucherons, j'ai... »

— Gargousse ! — s'écria le Gros-Boiteux en se retournant. Il venait de voir le surveillant quitter la cour.

— A moi ! Gringalet... je serai ton araignée ! — s'écria aussitôt le Squelette en se précipitant si brusquement sur Germain, que celui-ci ne put faire un mouvement ni pousser un cri.

Sa voix expira sous la formidable étreinte des longs doigts de fer du Squelette.

CHAPITRE X.

UN AMI INCONNU.

— Si tu es l'araignée, moi je serai le moucheron d'or, Squelette de malheur — cria une voix au moment où Germain, surpris par la violente et soudaine attaque de son implacable ennemi, tombait renversé sur son banc, livré à la merci du brigand qui, un genou sur la poitrine, le tenait par le cou.

Oui je serai le moucheron, et un fameux moucheron encore! — répéta l'homme au bonnet bleu dont nous avons parlé; puis d'un bond furieux, renversant trois ou quatre prisonniers qui le séparaient de Germain, il s'élança sur le Squelette et lui asséna sur le crâne et entre les deux yeux une grêle de coups de poing si précipités, qu'on eût dit la batterie sonore d'un marteau sur une enclume.

L'homme au bonnet bleu, qui n'était autre que le Chourineur, ajouta en redoublant la rapidité de son *martelage* sur la tête du Squelette :

— C'est la grêle de coups de poing que M. Rodolphe m'a tambourinés sur la boule!.. je les ai retenus!..

A cette agression inattendue, les détenus restèrent frappés de surprise, sans prendre parti pour ou contre le Chourineur. Plusieurs d'entre eux, encore sous la salutaire impression du conte de Pique-Vinaigre, furent même satisfaits de cet incident qui pouvait sauver Germain.

Le Squelette, d'abord étourdi, chancelant comme un bœuf sous la masse de fer du boucher, étendit machinalement ses deux mains en avant pour parer les coups de son ennemi; Germain put se dégager de la mortelle étreinte du Squelette et se relever à demi.

— Mais qu'est-ce qu'il a? à qui en a-t-il donc, ce brigand-là? — s'écria le Gros-Boiteux; et, s'élançant sur le Chourineur, il tâcha de lui saisir les bras par derrière, pendant que celui-ci faisait de violents efforts pour maintenir le Squelette sur le banc.

Le défenseur de Germain répondait à l'attaque du Gros-Boiteux par une espèce de ruade si violente qu'il l'envoya rouler à l'extrémité du cercle formé par les détenus.

Germain, d'une pâleur livide et violacée, à demi-suffoqué, à genoux auprès du banc, ne paraissait pas avoir la conscience de ce qui se passait autour de lui. La strangulation avait été si violente et si douloureuse qu'il respirait à peine.

Après son premier étourdissement, le Squelette, par un effort désespéré, parvint à se débarrasser du Chourineur et à se remettre sur ses pieds.

Haletant, ivre de rage et de haine, il était épouvantable...

Sa face cadavéreuse ruisselait de sang, sa lèvre supérieure, retroussée comme celle d'un loup furieux, laissait voir ses dents serrées les unes contre les autres.

Enfin il s'écria d'une voix palpitante de

colère et de fatigue, car sa lutte contre le Chourineur avait été violente :

— Escarpez-le donc!.. ce brigand-là!.. Tas de frileux... qui me laissez prendre en traître... sinon le *mangeur* va nous échapper !

Durant cette espèce de trêve, le Chourineur, enlevant Germain à demi évanoui, avait assez habilement manœuvré pour se rapprocher peu à peu de l'angle d'un mur, où il déposa son protégé.

Profitant de cette excellente position de défense, le Chourineur pouvait alors, sans crainte d'être pris à dos, tenir assez long-temps contre les détenus, auxquels le courage et la force herculéenne qu'il venait de déployer imposaient beaucoup.

Pique-Vinaigre, épouvanté, disparut pendant le tumulte, sans qu'on s'aperçût de son absence.

Voyant l'hésitation de la plupart des prisonniers, le Squelette s'écria :

— A moi donc!.. estourbissons-les tous les deux... le gros et le petit!

— Prends garde! — répondit le Chourineur en se préparant au combat, les deux mains en avant et carrément campé sur ses robustes reins. — Gare à toi, Squelette! Si tu veux faire encore le Coupe-en-Deux... moi je ferai comme Gargousse, je te couperai le sifflet...

— Mais tombez donc dessus! — cria le Gros-Boiteux en se relevant. — Pourquoi cet enragé défend-il le *mangeur*?.. A mort! le *mangeur*... et lui aussi! S'il défend Germain, c'est un traître!

— Oui!.. oui!..

— A mort! le *mangeur!*..

— A mort!

— Oui! à mort le traître... qui le soutient! Tels furent les cris des plus endurcis des détenus.

Un parti plus pitoyable, s'écria :

— Non! avant, qu'il parle!..

— Oui! qu'il s'explique!

— On ne tue pas un homme sans l'entendre!

— Et sans défense!..

— Faudrait être de vrais Coupe-en-Deux!

— Tant mieux! — reprirent le Gros-Boiteux et les partisans du Squelette.

— On ne saurait trop en faire à un *mangeur*!

— A mort!..

— Tombons dessus!..

— Soutenons le Squelette!

— Oui! oui!.. charivari pour le bonnet bleu!

— Non!.. soutenons le bonnet bleu!.. charivari pour le Squelette! — riposta le parti du Chourineur.

— Non!.. à bas le bonnet bleu!

— A bas le Squelette!

— Bravo, mes cadets!.. — s'écria le Chourineur en s'adressant aux détenus qui se rangeaient de son côté. — Vous avez du cœur... vous ne voudriez pas massacrer un homme à demi mort!.. il n'y a que des lâches capables de ça... Le Squelette s'en moque pas mal... il est condamné d'avance... c'est pour cela qu'il vous pousse... Mais si vous aidez à tuer Germain, vous serez durement pincés. D'ailleurs je propose une chose, moi!.. le Squelette veut achever ce pauvre jeune homme... eh bien! qu'il vienne donc me le prendre, s'il en a le toupet!.. ça se passera entre nous deux; nous

nous crocherons et on verra... mais il n'ose pas, il est comme Coupe-en-Deux, fort avec les faibles...

La vigueur, l'énergie, la rude figure du Chourineur devaient avoir une puissante action sur les détenus ; aussi un assez grand nombre d'entre eux se rangèrent de son côté et entourèrent Germain ; le parti du Squelette se groupa autour de ce bandit.

Une sanglante mêlée allait s'engager, lorsqu'on entendit dans la cour le pas sonore et mesuré du piquet d'infanterie toujours de garde à la prison.

Pique-Vinaigre, profitant du bruit et de l'émotion générale, avait gagné la cour et était allé frapper au guichet de la porte d'entrée, afin d'avertir les gardiens de ce qui se passait dans le chauffoir.

L'arrivée des soldats mit fin à cette scène.

Germain, le Squelette et le Chourineur furent conduits auprès du directeur de la Force. Le premier devait déposer sa plainte, les deux autres répondre à une prévention de rixe dans l'intérieur de la prison.

La terreur et la souffrance de Germain avaient été si vives, sa faiblesse était si grande, qu'il lui fallut s'appuyer sur deux gardiens pour arriver jusqu'à une chambre voisine du cabinet du directeur, où on le conduisit. Là, il se trouva mal; son cou, excorié, portait l'empreinte livide et sanglante des doigts de fer du Squelette. Quelques secondes de plus, le fiancé de Rigolette aurait été étranglé.

Le gardien chargé de la surveillance du parloir, et qui, nous l'avons dit, s'était toujours intéressé à Germain, lui donna les premiers secours.

Lorsque celui-ci revint à lui, lorsque la réflexion succéda aux émotions rapides et terribles qui lui avaient à peine laissé l'exercice de sa raison, sa première pensée fut pour son sauveur.

— Merci de vos bons soins, monsieur — dit-il au gardien; — sans cet homme courageux, j'étais perdu.

— Comment vous trouvez-vous?

— Mieux... Ah! tout ce qui vient de se passer me semble un songe horrible!..

— Remettez-vous...

— Et celui qui m'a sauvé, où est-il ?

— Dans le cabinet du directeur. Il lui raconte comment la rixe est arrivée... Il paraît que sans lui...

— J'étais mort, monsieur... Oh ! dites-moi son nom... Qui est-il ?..

— Son nom... je n'en sais rien, il est surnommé le Chourineur; c'est un ancien forçat...

— Et le crime qui l'amène ici... n'est pas grave, peut-être ?..

— Très-grave ! Vol avec effraction, la nuit... dans une maison habitée — dit le gardien. — Il aura probablement la même dose que Pique-Vinaigre : quinze ou vingt ans de travaux forcés et l'exposition, vu la récidive.

Germain tressaillit : il eût préféré être lié par la reconnaissance à un homme moins criminel.

— Ah ! c'est affreux ! — dit-il. — Et pourtant cet homme, sans me connaître, a pris ma défense. Tant de courage, tant de générosité...

— Que voulez-vous, monsieur, quelquefois il y a encore un peu de bon chez ces gens-là.

L'important, c'est que vous voilà sauvé ; demain vous aurez votre cellule à la pistole, et pour cette nuit vous coucherez à l'infirmerie, d'après l'ordre de M. le directeur. Allons, courage, monsieur ! Le mauvais temps est passé : quand votre jolie petite visiteuse viendra vous voir, vous pourrez la rassurer, car une fois en cellule vous n'aurez plus rien à craindre... Seulement vous ferez bien, je crois, de ne pas lui parler de la scène de tout à l'heure. Elle en tomberait malade de peur.

— Oh! non sans doute, je ne lui en parlerai pas ; mais je voudrais pourtant remercier mon défenseur... Si coupable qu'il soit aux yeux de la loi, il ne m'en a pas moins sauvé la vie.

— Tenez, justement je l'entends qui sort de chez M. le directeur, qui va maintenant interroger le Squelette ; je les reconduirai ensemble tout à l'heure, le Squelette au cachot... et le Chourineur à la Fosse-aux-Lions. Il sera d'ailleurs un peu récompensé de ce qu'il a fait pour vous ; car, comme c'est un gaillard solide et déterminé, tel qu'il faut être pour mener les autres, il est probable qu'il remplacera le Squelette comme prévôt...

Le Chourineur ayant traversé un petit couloir sur lequel s'ouvrait la porte du cabinet du directeur, entra dans la chambre où se trouvait Germain.

— Attendez-moi là — dit le gardien au Chourineur; — je vais aller savoir de M. le directeur ce qu'il décide du Squelette, et je reviendrai vous prendre... Voilà notre jeune homme tout à fait remis; il veut vous remercier, et il y a de quoi, car sans vous c'était fini de lui.

Le gardien sortit.

La physionomie du Chourineur était radieuse. Il s'avança joyeusement en disant :

— Tonnerre! que je suis content! que je suis donc content de vous avoir sauvé! — Et il tendit la main à Germain.

Celui-ci, par un sentiment de répulsion involontaire, se recula d'abord légèrement, au lieu de prendre la main que le Chourineur lui offrait; puis, se rappelant qu'après tout il devait la vie à cet homme, il voulut réparer ce premier mouvement de répugnance.

Mais le Chourineur s'en était aperçu; ses

traits s'assombrirent, et, se reculant à son tour, il dit avec une tristesse amère :

— Ah! c'est juste... Pardon, monsieur...

— Non, c'est moi qui dois vous demander pardon... Ne suis-je pas prisonnier comme vous? Je ne dois songer qu'au service que vous m'avez rendu... vous m'avez sauvé la vie. Votre main, monsieur... je vous en prie... de grâce... votre main.

— Merci... maintenant c'est inutile... Le premier mouvement est tout... Si vous m'aviez d'abord donné une poignée de main, cela m'aurait fait plaisir... mais en y réfléchissant, c'est à moi à ne plus vouloir... Non parce que je suis prisonnier comme vous, mais — ajouta-t-il d'un air sombre et en hésitant — parce qu'avant d'être ici... j'ai été...

— Le gardien m'a tout dit — reprit Germain en l'interrompant; — mais vous ne m'avez pas moins sauvé la vie.

— Je n'ai fait que mon devoir et mon plaisir, car je sais qui vous êtes... monsieur Germain.

— Vous me connaissez?

— Un peu, mon neveu, que je vous répondrais si j'étais votre oncle ! — dit le Chourineur en reprenant son ton d'insouciance habituelle — et vous auriez pardieu bien tort de mettre mon arrivée à la Force sur le dos du hasard... Si je ne vous avais pas connu... je ne serais pas en prison.

Germain regarda le Chourineur avec une surprise profonde.

— Comment ?.. c'est parce que vous m'avez connu ?..

— Que je suis ici... prisonnier à la Force...

— Je voudrais vous croire... mais...

— Mais vous ne me croyez pas.

— Je veux dire qu'il m'est impossible de comprendre comment il se fait que je sois pour quelque chose dans votre emprisonnement.

— Pour quelque chose ?.. Vous y êtes pour tout.

— J'aurais eu ce malheur ?..

— Un malheur !.. au contraire... c'est moi qui vous redois... Et crânement encore...

— A moi !.. vous me devez ?..

— Une fière chandelle, pour m'avoir

procuré l'avantage de faire un tour à la Force...

— En vérité — dit Germain en passant la main sur son front — je ne sais si la terrible secousse de tout à l'heure affaiblit ma raison, mais il m'est impossible de vous comprendre... Le gardien vient de me dire que vous étiez ici comme prévenu... de... de...

Et Germain hésitait.

— De vol... pardieu... allez donc... oui, de vol avec effraction... avec escalade... et la nuit, par-dessus le marché!.. tout le tremblement à la voile, quoi ! — s'écria le Chourineur en éclatant de rire. — Rien n'y manque... c'est du chenu... Mon vol a toutes les herbes de la Saint-Jean, comme on dit...

Germain, péniblement ému du cynisme audacieux du Chourineur, ne put s'empêcher de lui dire :

— Comment... vous, vous si brave... si généreux, parlez-vous ainsi?.. ne savez-vous pas à quelle terrible punition vous êtes exposé?

— Une vingtaine d'années de galères et le

carcan!.. connu... Je suis un crâne scélérat, hein, de prendre ça en blague?.. Mais que voulez-vous? une fois qu'on y est... Et dire pourtant que c'est vous, monsieur Germain — ajouta le Chourineur en poussant un énorme soupir, d'un air plaisamment contrit — que c'est vous qui êtes cause de mon malheur!...

— Quand vous vous expliquerez plus clairement, je vous entendrai... Raillez tant qu'il vous plaira, ma reconnaissance pour le service que vous m'avez rendu n'en subsistera pas moins — dit Germain tristement.

— Tenez, pardon, monsieur Germain — répondit le Chourineur en devenant sérieux — vous n'aimez pas à me voir rire de cela... n'en parlons plus. Il faut que je me rabiboche avec vous, et que je vous force peut-être bien à me tendre encore la main.

— Je n'en doute pas; car, malgré le crime dont on vous accuse et dont vous vous accusez vous-même, tout en vous annonce le courage, la franchise. Je suis sûr que vous êtes injustement soupçonné... de graves apparences peut-être vous compromettent... mais voilà tout...

— Oh! quant à cela, vous vous trompez, monsieur Germain — dit le Chourineur si sérieusement cette fois, et avec un tel accent de sincérité que Germain dut croire. — Foi d'homme, aussi vrai que j'ai un protecteur (le Chourineur ôta son bonnet), qui est pour moi ce que le bon Dieu est pour les bons prêtres, j'ai volé la nuit en enfonçant un volet, j'ai été arrêté sur le fait, et encore nanti de tout ce que je venais d'emporter...

— Mais le besoin... la faim... vous poussaient donc à cette extrémité?

— La faim?... J'avais 120 francs à moi quand on m'a arrêté... le restant d'un billet de 1,000 francs... sans compter que le protecteur dont je vous parle, et qui, par exemple, ne sait pas que je suis ici, ne me laissera jamais manquer de rien... Mais puisque je vous ai parlé de mon protecteur, vous devez croire que ça devient sérieux, parce que, voyez-vous, celui-là... c'est à se mettre à genoux devant... Ainsi, tenez... la grêle de coups

de poing dont j'ai tambouriné le Squelette...
c'est une manière à lui que j'ai copiée d'après
nature... L'idée du vol... c'est à cause de lui
qu'elle m'est venue... Enfin, si vous êtes là au
lieu d'être étranglé par le Squelette, c'est encore grâce à lui...

— Mais ce protecteur?...

— Est aussi le vôtre.

— Le mien?

— Oui..... M. Rodolphe vous protége.....
Quand je dis monsieur... c'est monseigneur...
que je devrais dire... car c'est au moins un
prince..... mais j'ai l'habitude de l'appeler
M. Rodolphe, et il me le permet.

— Vous vous trompez — dit Germain de
plus en plus surpris — je ne connais pas de
prince...

— Oui, mais il vous connaît, lui... Vous ne
vous en doutez pas? C'est possible, c'est sa
manière. Il sait qu'il y a un brave homme
dans la peine, crac, le brave homme est soulagé; et ni vu ni connu, je t'embrouille; le
bonheur lui tombe des nues comme une tuile
sur la tête. Aussi, patience, un jour ou l'autre
vous recevrez votre tuile....

— En vérité, ce que vous me dites me confond.

— Vous en apprendrez bien d'autres! Pour en revenir à mon protecteur, il y a quelque temps, après un service qu'il prétendait que je lui avais rendu, il me procure une position superbe; je n'ai pas besoin de vous dire laquelle, ce serait trop long; enfin il m'envoie à Marseille pour m'embarquer et aller rejoindre en Algérie ma superbe position... Je pars de Paris... content comme un gueux; bon! mais bientôt ça change... Une supposition : mettons que je sois parti par un beau soleil, n'est-ce pas? Eh bien! le lendemain, voilà le temps qui se couvre, le surlendemain il devient tout gris, et ainsi de suite, de plus en plus sombre à mesure que je m'éloignais, jusqu'à ce qu'enfin il devienne noir comme le diable... Comprenez-vous?

— Pas absolument...

— Eh bien! voyons... avez-vous eu un chien?

— Quelle singulière question?

— Avez-vous eu un chien qui vous aimât bien et qui se soit perdu?..

— Non.

— Alors je vous dirai tout uniment qu'une fois loin de M. Rodolphe, j'étais inquiet, abruti, effaré, comme un chien qui aurait perdu son maître... C'était bête, mais les chiens aussi sont bêtes, ce qui ne les empêche pas d'être attachés et de se souvenir au moins autant des bons morceaux que des coups de bâton qu'on leur donne; et M. Rodolphe m'avait donné mieux que des bons morceaux, car, voyez-vous, pour moi M. Rodolphe c'est tout. D'un méchant vaurien, brutal, sauvage et tapageur, il a fait une espèce d'honnête homme, en me disant seulement deux mots... Mais ces deux mots-là, voyez-vous, c'est comme de la magie...

— Et ces mots, que sont-ils? Que vous a-t-il dit?

— Il m'a dit que j'avais encore *du cœur et de l'honneur,* quoique j'aie été au bagne, non pour avoir volé... c'est vrai... oh! ça jamais... mais pour ce qui est pis... peut-être... pour avoir tué... Oui — dit le Chourineur d'une voix sombre — oui, tué, dans un moment de colère... parce que, autrefois élevé comme une bête brute, ou plutôt comme un voyou sans père ni mère, abandonné sur le pavé de Paris, je ne connaissais ni Dieu ni diable, ni bien ni mal, ni fort ni faible. Quelquefois le sang me montait aux yeux... je voyais rouge... et si j'avais un couteau à la main, je chourinais... je chourinais... j'étais comme un vrai loup, quoi!.. je ne pouvais pas fréquenter autre chose que des gueux et des bandits; je n'en mettais pas un crêpe à mon chapeau pour cela; fallait vivre dans la boue... je vivais rondement dans la boue... je ne m'apercevais pas seulement que j'y étais... Mais quand M. Rodolphe m'a eu dit que, puisque, malgré les mépris de tout le monde et la misère, au lieu de voler comme d'autres, j'avais préféré travailler tant que je pouvais et à quoi je pouvais, ça montrait que j'avais encore du cœur et de l'honneur... tonnerre!... voyez-vous... ces deux mots-là, ça m'a fait le même effet que si on m'avait empoigné par la crinière pour m'enlever à mille pieds en l'air au-dessus de la vermine où je pataugeais, et me montrer dans quelle crapule je vivais... Comme de juste alors j'ai dit : Merci! j'en ai assez; je sors d'en prendre... Alors le cœur m'a battu autrement que de colère, et je me suis juré d'avoir toujours de cet honneur dont parlait M. Rodolphe... Vous voyez, monsieur Germain, en me disant avec bonté que je n'étais pas si pire que je me croyais, M. Rodolphe m'a encouragé, et, grâce à lui, je suis devenu meilleur que je n'étais...

En entendant ce langage, Germain comprenait de moins en moins que le Chourineur eût commis le vol dont il s'accusait.

CHAPITRE XI.

DÉLIVRANCE.

Non — pensait Germain — c'est impossible, cet homme, qui s'exalte ainsi aux seuls mots d'*honneur* et de *cœur*, ne peut avoir commis ce vol dont il parle avec tant de cynisme.

Le Chourineur continua sans remarquer l'étonnement de Germain.

— Finalement, ce qui fait que je suis à M. Rodolphe comme un chien est à son maître, c'est qu'il m'a relevé à mes propres yeux. Avant de le connaître, je n'avais rien ressenti qu'à la peau; mais lui, il m'a remué en dedans... et bien à fond... allez... Une fois loin de lui et de l'endroit qu'il habitait, je me suis trouvé comme un corps sans âme. A mesure que je m'éloignais, je me disais : — Il mène une si drôle de vie! il se mêle à de si grandes canailles (j'en sais quelque chose), qu'il risque vingt fois sa peau par jour... et c'est dans une de ces circonstances-là que je pourrai faire le chien pour lui et défendre mon maître, car j'ai bonne gueule... Mais, d'un autre côté, il m'avait dit : — Il faut, mon garçon, vous rendre utile aux autres, aller là où vous pouvez servir à quelque chose. Moi, j'avais bien envie de lui répondre : — Pour moi il n'y a pas d'autres à servir que vous, monsieur Rodolphe. — Mais je n'osais pas. Il me disait : — Allez... — J'allais... et j'ai été tant que j'ai pu. Mais, tonnerre! quand il a fallu monter dans le *sabot*, quitter la France, et mettre la mer entre moi et M. Rodolphe... sans espoir de le revoir jamais... vrai, je n'en ai pas eu le courage. Il avait fait dire à son correspondant de me donner de l'argent gros comme moi quand je m'embarquerais. J'ai été trouver le monsieur. Je lui ai dit : — Impossible pour le quart d'heure, j'aime mieux le plancher des vaches... Donnez-moi de quoi faire ma route à pied... j'ai de bonnes jambes, je retourne à

Paris... je ne peux pas y tenir... Monsieur Rodolphe dira ce qu'il voudra, il se fâchera, il ne voudra plus me voir... possible... Mais je le verrai, moi, mais je saurai où il est... et s'il continue la vie qu'il mène... tôt où tard j'arriverai peut-être à temps pour me mettre entre un coup de couteau et lui... Et puis enfin je ne peux pas m'en aller si loin de lui, moi !.. Je sens je ne sais quoi diable qui me tire du côté où il est... — Enfin on me donne de quoi faire ma route... j'arrive à Paris... Je ne boude devant guère de choses... mais une fois de retour... voilà la peur qui me galope... Qu'est-ce que je pourrais dire à M. Rodolphe pour m'excuser d'être revenu sans sa permission ?.. Bah ! après tout... il ne me mangera pas... il en sera ce qu'il en sera... Je m'en vas trouver son ami... un gros grand chauve... encore une crème, celui-là...Tonnerre !..quand M. Murph est entré... j'ai dit : « Mon sort va se décider... » je me suis senti le gosier sec... mon cœur battait la breloque... Je m'attendais à être bousculé drôlement... Ah bien, oui ! le digne homme me reçoit... comme s'il m'avait quitté la veille... il me dit que M. Rodolphe, loin d'être fâché, veut me voir tout de suite... En effet... il me fait entrer chez mon protecteur... Tonnerre! quand je me suis retrouvé face à face avec lui... lui qui a une si bonne poigne... et un si bon cœur... lui qui est terrible comme un lion et doux comme un enfant... lui qui est un prince, et qui a mis une blouse comme moi... pour avoir la circonstance (que je bénis) de m'allonger une grêle de coups de poings, où je n'ai vu que du feu... tenez, monsieur Germain, en pensant à tous ces agréments qu'il possède, je me suis senti bouleversé... j'ai pleuré comme une biche... Eh bien! au lieu d'en rire... car figurez-vous ma balle quand je pleurniche... M. Rodolphe me dit sérieusement :

— Vous voilà donc de retour, mon garçon?

— Oui, monsieur Rodolphe; pardon si j'ai eu tort, mais je n'y tenais pas... Faites-moi faire une niche dans un coin de votre cour, donnez-moi la pâtée ou laissez-moi la gagner ici, voilà tout ce que je vous demande, et surtout ne m'en voulez pas d'être revenu.

— Je vous en veux d'autant moins, mon

garçon, que vous revenez à temps pour me rendre service.

— Moi, monsieur Rodolphe, il serait possible ! Eh bien ! voyez-vous qu'il faut, comme vous me le disiez, qu'il y ait quelque chose... là-haut ; sans ça, comment expliquer que j'arrive ici... juste au moment où vous avez besoin de moi ? et qu'est-ce que je pourrais donc faire pour vous, monsieur Rodolphe ? piquer une tête du haut des tours Notre-Dame ?

— Moins que cela, mon garçon... Un honnête et excellent jeune homme, auquel je m'intéresse comme à un fils, est injustement accusé de vol et détenu à la Force ; il se nomme Germain, il est d'un caractère doux et timide ; les scélérats avec lesquels il est emprisonné l'ont pris en aversion, il peut courir de grands dangers ; vous qui avez malheureusement connu la vie de prison et un grand nombre de prisonniers, ne pourriez-vous pas, dans le cas où quelques-uns de vos anciens camarades seraient à la Force (on trouverait moyen de le savoir), ne pourriez-vous pas les aller voir, et, par des promesses d'argent qui seraient tenues, les engager à protéger ce malheureux jeune homme?

— Mais quel est donc l'homme généreux et inconnu qui prend tant d'intérêt à mon sort? — dit Germain de plus en plus surpris.

— Vous le saurez peut-être; quant à moi j'en ignore. Pour revenir à ma conversation avec M. Rodolphe, pendant qu'il me parlait, il m'était venu une idée, mais une idée si farce, si farce, que je n'ai pas pu m'empêcher de rire devant lui.

— Qu'avez-vous donc, mon garçon? — me dit-il.

— Dame, monsieur Rodolphe, je ris parce que je suis content, et je suis content parce que j'ai le moyen de mettre votre M. Germain à l'abri d'un mauvais coup des prisonniers, de lui donner un protecteur qui le défendra crânement; car une fois le jeune homme sous l'aile du cadet dont je vous parle, il n'y en aura pas un qui osera venir lui regarder sous le nez.

— Très-bien, mon garçon, c'est sans doute un de vos anciens compagnons?

— Juste, monsieur Rodolphe; il est entré à

la Force il y a quelques jours, j'ai su ça en arrivant; mais il faudra de l'argent.

— Combien faut-il?

— Un billet de mille francs.

— Le voilà.

— Merci, monsieur Rodolphe; dans deux jours vous aurez de mes nouvelles; serviteur, la compagnie. Tonnerre!.. le Roi n'était pas mon maître, je pouvais rendre service à M. Rodolphe en passant par vous... c'est ça qui était fameux!

— Je commence à comprendre... ou plutôt, mon Dieu... je tremble de comprendre — s'écria Germain; — un tel dévouement serait-il possible!.. pour venir me protéger, me défendre dans cette prison, vous avez peut-être commis un vol? Oh! ce serait le remords de toute ma vie.

— Minute!.. M. Rodolphe m'a dit que j'avais du cœur et de l'honneur; ces mots-là... sont ma loi, à moi, voyez-vous... et il pourrait encore me les dire; car si je ne suis pas meilleur qu'autrefois, du moins je ne suis pas pire...

— Mais ce vol? ce vol? Si vous ne l'avez pas commis, comment êtes-vous ici?

— Attendez donc. Voilà là farce : avec mes mille francs je m'en vas acheter une perruque noire ; je rase mes favoris, je mets des lunettes bleues, je me fourre un oreiller dans le dos, et roule ta bosse ; je me mets à chercher une ou deux chambres à louer tout de suite, au rez-de-chaussée, dans un quartier bien vivant. Je trouve mon affaire rue de Provence, je paie un terme d'avance sous le nom de M. Grégoire. Le lendemain je vas acheter au Temple de quoi meubler les deux chambres, toujours avec ma perruque noire, ma bosse et mes lunettes bleues, afin qu'on me reconnaisse bien... j'envoie les effets rue de Provence, et de plus six couverts d'argent que j'achète boulevard Saint-Denis, toujours avec mon déguisement de bossu.

Je reviens mettre tout en ordre dans mon domicile. Je dis au portier que je ne coucherai chez moi que le surlendemain, et j'emporte ma clef. Les fenêtres des deux chambres étaient fermées par de forts volets. Avant de m'en aller, j'en avais exprès laissé un sans y mettre le crochet du dedans. La nuit venue, je me débarrasse de ma perruque, de mes lunettes, de ma bosse et des habits avec lesquels j'avais été faire mes achats et louer ma chambre; je mets cette défroque dans une malle que j'envoie à l'adresse de M. Murph, l'ami de M. Rodolphe, en le priant de garder ces nippes; j'achète la blouse que voilà, le bonnet bleu que voilà, une barre de fer de deux pieds de long, et à une heure du matin je viens rôder dans la rue de Provence, devant mon logement, attendant le moment où une patrouille passerait pour me dépêcher de me voler, de m'escalader et de m'effractionner moi-même, afin de me faire empoigner.

Et le Chourineur ne put s'empêcher de rire encore aux éclats.

— Ah! je comprends... — s'écria Germain.

— Mais vous allez voir si je n'ai pas du guignon; il ne passait pas de patrouille!.. J'aurais pu vingt fois me dévaliser tout à mon aise. Enfin, sur les deux heures du matin, j'entends piétiner les tourlourous au bout de la rue; je finis d'ouvrir mon volet, je casse deux ou trois carreaux pour faire un tapage d'enfer, j'enfonce la fenêtre, je saute dans la chambre, j'empoigne la boîte d'argenterie... quelques nippes... Heureusement la patrouille avait entendu le drelin-dindin des carreaux, car, juste comme je ressortais par la fenêtre, je suis pincé par la garde qui, au bruit des carreaux cassés, avait pris le pas de course.

On frappe, le portier ouvre, on va chercher le commissaire; il arrive; le portier dit que les deux chambres dévalisées ont été louées la veille par un monsieur bossu, à cheveux noirs et portant des lunettes bleues, et qui s'appelait Grégoire. J'avais la crinière de filasse que vous me voyez, j'ouvrais l'œil comme un lièvre au gîte, j'étais droit comme un Russe au port d'armes, on ne pouvait donc pas me prendre pour le bossu à lunettes bleues et à crins noirs. J'avoue tout, on m'arrête, on me conduit au dépôt, du dépôt ici, et j'arrive au bon moment, juste pour arracher des pattes du Squelette le jeune homme dont M. Rodolphe m'avait dit : Je m'y intéresse comme à mon fils.

— Ah! monsieur, que ne vous dois-je pas... pour tant de dévouement! — s'écria Germain.

— Ce n'est pas à moi... c'est à M. Rodolphe que vous devez.

— Mais la cause de son intérêt pour moi?

— Il vous la dira, à moins qu'il ne vous la dise pas; car souvent il se contente de vous faire du bien, et si vous avez le toupet de lui demander pourquoi, il ne se gêne pas pour vous répondre : Mêlez-vous de ce qui vous regarde.

— Et M. Rodolphe sait-il que vous êtes ici?

— Pas si bête de lui avoir dit mon idée, il ne m'aurait peut-être pas permis... cette farce... et, sans me vanter, hein, elle est fameuse?

— Mais que de risques vous avez courus... vous courez encore!...

— Qu'est-ce que je risquais? de n'être pas conduit à la Force où vous étiez, c'est vrai... Mais je comptais sur la protection de M. Rodolphe pour me faire changer de prison et vous rejoindre; un seigneur comme lui, ça peut tout. Et une fois que j'aurais été coffré, il aurait autant aimé que ça vous serve à quelque chose.

— Mais au jour de votre jugement?

— Eh bien! je prierai M. Murph de m'envoyer la malle; je reprendrai devant le juge ma perruque noire, mes lunettes bleues, ma bosse, et je redeviendrai M. Grégoire pour le portier qui m'a loué la chambre, pour les marchands qui m'ont vendu, voilà pour le volé... Si on veut revoir le voleur, je quitterai ma défroque, et il sera clair comme le jour que voleur et volé ça fait, au total, le Chourineur, ni plus ni moins. Alors que diable voulez-vous qu'on me fasse, quand il sera prouvé que je me volais moi-même?

— En effet — dit Germain plus rassuré. — Mais puisque vous me portiez tant d'intérêt, pourquoi ne m'avez-vous rien dit en entrant dans la prison?

— J'ai tout de suite su le complot qu'on avait fait contre vous; j'aurais pu le dénoncer avant que Pique-Vinaigre eût commencé ou fini son histoire; mais dénoncer même des bandits pareils, ça ne m'allait pas... j'ai mieux aimé ne m'en fier qu'à ma poigne... pour vous arracher des pattes du Squelette. Et puis, quand je l'ai vu, ce brigand-là, je me suis dit : Voilà une fameuse occasion de me rappeler la grêle de coups de poing de M. Rodolphe, auxquels j'ai dû l'honneur de sa connaissance.

— Mais si tous les détenus avaient pris parti contre vous seul, qu'auriez-vous pu faire?

— Alors j'aurais crié comme un aigle et appelé au secours! Mais ça m'allait mieux de faire ma petite cuisine moi-même, pour pouvoir dire à M. Rodolphe : Il n'y a que moi qui me suis mêlé de la chose... j'ai défendu et je défendrai votre jeune homme, soyez tranquille.

A ce moment le gardien rentra brusquement dans la chambre.

— Monsieur Germain, venez vite, vite, chez M. le directeur... il veut vous parler à l'instant même. Et vous, Chourineur, mon garçon, descendez à la Fosse-aux-Lions... Vous serez prévôt, si cela vous convient; car vous avez tout ce qu'il faut pour remplir ces fonctions... et les détenus ne badineront pas avec un gaillard de votre espèce.

— Ça me va tout de même... autant être capitaine que soldat pendant qu'on y est...

— Refuserez-vous encore ma main? — dit cordialement Germain au Chourineur.

—Ma foi, non... monsieur Germain, ma foi non ; je crois que maintenant je peux me permettre ce plaisir-là, et je vous la serre de bon cœur.

— Nous nous reverrons... car me voici sous votre protection... je n'aurai plus rien à craindre, et de ma cellule je descendrai chaque jour au préau.

— Soyez calme, si je le veux on ne vous parlera qu'à quatre pattes... Mais j'y songe, vous savez écrire... mettez sur le papier ce que je viens de vous raconter, et envoyez l'histoire à M. Rodolphe ; il saura qu'il n'a plus à être inquiet de vous, et que je suis ici pour le *bon motif*, car s'il apprenait autrement que le Chourineur a volé et qu'il ne connaisse pas le dessous des cartes... tonnerre... ça ne m'irait pas...

— Soyez tranquille... ce soir même je vais écrire à mon protecteur inconnu ; demain vous me donnerez son adresse et la lettre partira. Adieu encore, merci, mon brave !

— Adieu, monsieur Germain, je vas retourner auprès de ces tas de gueux... dont je suis prévôt... il faudra qu'ils marchent droit, ou sinon, gare dessous !..

— Quand je songe qu'à cause de moi vous allez vivre quelque temps encore avec ces misérables !..

— Qu'est-ce que ça me fait ? Maintenant il n'y a pas de risque qu'ils déteignent sur moi... M. Rodolphe m'a trop bien lessivé... je suis assuré contre l'incendie !

Et le Chourineur suivit le gardien.

Germain entra chez le directeur.

Quelle fut sa surprise... il y trouva Rigolette...

Rigolette pâle, émue, les yeux baignés de larmes, et pourtant souriant à travers ses pleurs... sa physionomie exprimait un ressentiment de joie, de bonheur inexprimable.

— J'ai une bonne nouvelle à vous apprendre, monsieur — dit le directeur à Germain.

— La justice vient de déclarer qu'il n'y avait pas lieu à suivre contre vous... Par suite du désistement et surtout des explications de la partie civile, je reçois l'ordre de vous mettre immédiatement en liberté.

— Monsieur... que dites-vous?.. il serait possible!..

Rigolette voulut parler; sa trop vive émotion l'en empêcha; elle ne put que faire à Germain un signe de tête affirmatif en joignant les mains.

— Mademoiselle est arrivée ici peu de moments après que j'ai reçu l'ordre de vous mettre en liberté — ajouta le directeur. — Une lettre, de toute-puissante recommandation, qu'elle m'apportait, m'a appris le touchant dévouement qu'elle vous a témoigné pendant votre séjour en prison, monsieur. C'est donc avec un vif plaisir que je vous ai envoyé chercher, certain que vous serez très-heureux de donner votre bras à mademoiselle pour sortir d'ici.

— Un rêve!.. non, c'est un rêve! — dit Germain. — Ah! monsieur... que de bontés!.. Pardonnez-moi si la surprise... la joie m'empêchent de vous remercier comme je le devrais...

— Et moi donc, monsieur Germain, je ne trouve pas un mot à dire — reprit Rigolette; jugez de mon bonheur : en vous quittant, je trouve l'ami de M. Rodolphe qui m'attendait.

DÉLIVRANCE.

— Encore M. Rodolphe! — dit Germain étonné.

— Oui, maintenant on peut tout vous dire, vous saurez cela; M. Murph me dit donc : — Germain est libre, voilà une lettre pour M. le directeur de la prison; quand vous arriverez il aura reçu l'ordre de mettre Germain en liberté et vous pourrez l'emmener. Je ne pouvais croire ce que j'entendais, et pourtant c'était vrai. Vite, vite, je prends un fiacre... j'arrive .. et il est en bas qui nous attend...

. . . .

Nous renonçons à peindre le ravissement des deux amants lorsqu'ils sortirent de la Force, la soirée qu'ils passèrent dans la petite chambre de Rigolette, que Germain quitta à onze heures pour gagner un modeste logement garni.

. . . .

Résumons en peu de mots les idées pratiques ou théoriques que nous avons tâché de mettre en relief dans cet épisode de *la vie de prison*.

Nous nous estimerions très-heureux d'avoir démontré :

L'insuffisance, l'impuissance et le danger de la réclusion en commun...

Les disproportions qui existent entre l'appréciation et la punition de certains crimes (*le vol domestique, le vol avec effraction*), et celle de certains délits (*les abus de confiance*)...

Et enfin l'impossibilité matérielle où sont les classes pauvres de jouir du bénéfice des lois civiles (1).

(1) A ce sujet, nous avons reçu de nouvelles réclamations et quelques documents curieux, les uns de Hollande, les autres d'Italie; nous donnons ces renseignements ci-après, en exprimant toute notre gratitude aux personnes qui nous ont fait l'honneur de nous les adresser.

Plusieurs officiers judiciaires ont bien voulu nous faire observer que, dans beaucoup de circonstances, la chambre des avoués de Paris a instrumenté officieusement et sans frais, lorsque les parties faisaient preuve d'indigence.

Rien de plus honorable, de plus louable, de plus charitable assurément que cette aumône judiciaire. Mais ceci est un *don*, un *octroi volontaire*, par conséquent *variable*, *révocable*, et non pas une *institution*, un *fait légal* et acquis virtuellement aux classes pauvres.

Ce n'est pas une *aumône* que nous demandons pour elles, c'est un *droit reconnu*, car il nous semble que l'indigence a aussi ses droits.

Il est au moins étrange que la France, qui devrait marcher à la tête de la civilisation, ne fasse pas jouir les classes les plus nombreuses et les plus laborieuses de la société des charitables avantages qui leur sont acquis chez presque toutes les nations de l'Europe.

En Hollande, en Sardaigne, dans presque toutes les légations d'Italie, les pauvres, ainsi qu'on va le voir, sont mille fois mieux traités qu'en France sous ce rapport.

Le document suivant, traduit du Code hollandais, vient de nous être communiqué par l'un des avocats les plus distingués d'Amsterdam. On ne peut qu'admirer une telle législation :

Extrait du Code de procédure civile néerlandais relatif aux classes pauvres.

« Art. 855. Toutes personnes, soit mandeurs, soit défendeurs, en fournissant la preuve qu'elles sont hors d'état de payer les frais d'un procès, peuvent obtenir du juge qui doit connaître de l'objet du procès l'autorisation de plaider *sans frais*.

» Art. 856. Cette autorisation se demande par requête écrite sur papier *non timbré*; et si la requête est adressée à une cour ou à un tribunal d'arrondissement, elle est signée par un avoué désigné à cet effet, au besoin par le président.

» Art. 857. Cette requête contiendra le résumé des faits et une indication sommaire des arguments sur lesquels est fondée la demande ou la défense de l'exposant.

» Art. 858. Cette requête sera accompagnée d'un certificat de l'indigence de l'exposant, délivré par le chef de l'administration du lieu de son domicile.

» Art. 859. La cour ou le tribunal ordonne, par simple disposition, la citation de la partie adverse devant deux juges-commissaires, et désigne, selon l'importance de la cause, un avoué, ou bien un avocat et un avoué pour l'assister à l'audience.

» Art. 860. La demande, ainsi que l'ordonnance du juge, seront, à la requête de l'exposant, signifiées par huissier *et sans frais* à la personne ou au domicile de la partie adverse. Cet exploit sera enregistré *gratis et exempt du droit de timbre*.

» Art. 861. Si la partie adverse ne comparaît pas devant les commissaires, la cour ou le tribunal, sur le rapport de ses commissaires, examinera si l'exposant a suffisamment prouvé son indigence ; elle accorde, dans ce cas, l'autorisation demandée, à moins que le juge ne considère la demande ou la défense au fond dénuée de tout fondement.

» Art. 862. Si la partie adverse comparaît, elle peut s'opposer à ce que l'autorisation soit accordée, en prouvant que les assertions de l'exposant sont sans fondement. Ces preuves doivent se faire, quant aux faits, par des documents concluants, et, quant au droit, par une disposition expresse de la loi.

» Art. 863. La partie adverse peut également fonder son opposition sur le manque ou sur l'insuffisance du certificat d'indigence, ou bien sur l'indication des moyens pécuniaires suffisants de la part de l'exposant.

» Art. 864. Sur le rapport des juges-commissaires, la demande de l'exposant est accueillie ou refusée. Si elle est accueillie, on désigne pour l'*assister gratis* un avoué, ou un avocat et un avoué, si déjà il n'y a été pourvu.

» Art. 865. Si celui qui a obtenu de plaider sans frais a succombé en première instance, il ne pourra plaider sans frais en appel ou en cassation sans y être autorisé de nouveau. S'il a gagné son procès en première instance, il n'a pas besoin de nouvelle autorisation pour plaider sans frais en appel ou en cassation. Sur sa requête, il lui sera seulement désigné un nouvel avocat et un nouvel avoué.

» Art. 866. Tous exploits devront se faire par un huissier domicilié dans le canton, ou, à son défaut, par l'huissier d'un canton voisin.

» Art. 867. Le jugement qui accueille la demande de plaider sans frais et tous les actes qui l'ont précédé *sont exempts de timbre et seront enregistrés gratis. Aucun salaire d'huissier, d'avoué et d'avocat ne pourra jamais de ce chef être porté en compte ni à l'exposant ni à la partie adverse.*

» Art. 868. Si la demande de plaider sans frais est accueillie, tous les actes produits par le plaideur sans frais seront visés pour timbre et enregistrés en *débet*, tous droits de greffe et d'amendes judiciaires, dus de ce chef, seront également mis en *debet*, et le plaideur sans frais ne *sera jamais tenu de payer* aucun salaire aux avocat, avoué et huissier qui lui auront été adjoints.

» Art. 872. Lorsque des indigents, en dehors d'un procès proprement dit, ont besoin d'une autorisation judiciaire, d'une approbation ou de toute autre ordonnance sur requête, ils peuvent adresser leur requête écrite sur papier *non timbré*, en y joignant un certificat d'indigence. Dans ce cas, la réponse ou l'ordonnance leur sera délivrée *libre de timbre, de droit d'enregistrement et sans aucuns frais.*

» Art. 873. Dans ce cas, et si les indigents ne sont pas munis d'avoué, il leur en sera désigné un par le président.

» Art. 874. Les bureaux de bienfaisance, les administrations d'institutions charitables et des églises des divers cultes peuvent également, et de la même manière, obtenir de plaider sans frais, sans être tenus de produire des certificats d'indigence.

» Art. 875. Les décisions des cours, tribunaux et justices de canton (de paix), relativement à l'admission de plaider sans frais, ne sont pas sujettes à appel. »

Le document suivant est relatif aux institutions de certains Etats d'Italie :

« Dans les Etats du duché de Modène et dans les légations des Etats romains, où toutes les lois civiles et criminelles protégent et favorisent les riches et les nobles, il y a cependant une institution fort belle.

» Il arrive très-fréquemment que des pauvres ont besoin de faire valoir leurs droits, et se trouveraient dans la nécessité de les abandonner faute de moyens pécuniaires, s'ils devaient payer les taxes prescrites, les rétributions aux avocats et les dépenses du papier timbré.

» Il y a dans lesdits Etats une institution très-charitable, c'est-à-dire qu'il existe auprès des tribunaux des avocats reconnus, qu'on appelle *avocats des pauvres*, lesquels sont autorisés à faire les actes sur *papier libre*, avec *exemption de*

toute taxe, et obligés d'agir *sans recevoir aucune rétribution*
Les places d'avocats des pauvres sont très-recherchées, particulièrement par les jeunes avocats qui commencent leur carrière.

« Le malheureux qui veut jouir du bénéfice de la susdite loi n'a qu'à produire au tribunal civil un certificat d'indigence délivré par le curé et visé par le maire de l'arrondissement ou de la commune. »

A propos d'institutions philanthropiques, on nous communique cette autre note.

Que l'on compare les intérêts énormes que le Mont-de-Piété, en France, exige des malheureux, et la charitable générosité avec laquelle ces établissements sont administrés dans plusieurs Etats d'Italie :

« Il y a dans toutes les villes d'Italie des Monts-de-Piété. L'intérêt fixé par les lois est de 6 pour 100 pour les *grands Monts-de-Piété*, et de 5 et 4 pour 100 pour les petits. Ceux-ci servent absolument aux pauvres, parce qu'on n'y fait que de petits prêts. Dans plusieurs villes commerçantes, les lois qui règlent les intérêts de l'argent permettent, à titre de commerce, de porter les intérêts à 8 et même à 10 pour 100; *mais jamais les intérêts sur les prêts des Monts-de-Piété ne dépassent 6 pour* 100. On conçoit facilement cette mesure d'équité et de moralité pour les établissements de bienfaisance.

» Il y a dans plusieurs villes d'Italie des Monts-de-Piété tout à fait *gratuits* (dans lesquels on prête sans intérêts), entre autres celui qui existe à la Mirandole, duché de Modène. Non-seulement cet établissement prête sans intérêts, mais il tient pendant cinq ans (y compris l'accumulation des intérêts à 5 pour 100) à la disposition des emprunteurs ou héritiers l'excédant qu'on a retiré de la vente aux enchères des objets engagés. Lorsque ce délai de cinq ans est expiré, il y a prescription; mais les sommes abandonnées ne tombent pas dans le domaine de l'établissement : elles servent à former des dots pour de pauvres filles indigentes, parmi lesquelles on donne la préférence aux orphelines. »

CHAPITRE XII.

PUNITION.

Nous conduirons de nouveau le lecteur dans l'étude du notaire Jacques Ferrand.

Grâce à la loquacité habituelle des clercs, presque incessamment occupés des bizarreries croissantes de leur patron, nous exposerons ainsi les faits accomplis depuis la disparition de Cecily.

— Cent sous contre dix que, si son dépérissement continue, avant un mois le patron aura crevé comme un mousquet!

— Le fait est que, depuis que la servante, qui avait l'air d'une Alsacienne, a quitté la maison, il n'a plus que la peau sur les os.

— Et quelle peau!

— Ah çà! il était donc amoureux de l'Alsacienne, alors, puisque c'est depuis son départ qu'il se racornit ainsi?

— Lui, le patron, amoureux? quelle farce!!

— Au contraire, il se remet à revoir des prêtres plus que jamais!

— Sans compter que le curé de la paroisse, un homme bien respectable, il faut être juste, s'en est allé hier (je l'ai entendu), en disant à un autre prêtre qui l'accompagnait : « C'est admirable!... M. Jacques Ferrand est l'idéal de la charité et de la générosité sur la terre... »

— Le curé a dit ça? de lui-même? et sans effort?

— Quoi?

— Que le patron était l'idéal de la charité et de la générosité sur la terre?...

— Oui! je l'ai entendu...

— Alors je n'y comprends plus rien; le curé a la réputation, et il la mérite, d'être ce qu'on appelle un vrai bon pasteur...

— Oh! ça, c'est vrai, et de celui-là faut parler sérieusement et avec respect; il est aussi bon et aussi charitable que le *Petit-Manteau-*

Bleu... (1), et quand on dit ça d'un homme, il est jugé.

— Et ça n'est pas peu dire.

— Non. Pour le *Petit-Manteau-Bleu* comme pour le bon prêtre, les pauvres n'ont qu'un cri... et un brave cri du cœur.

— Alors j'en reviens à mon idée; quand le curé affirme quelque chose, faut le croire, vu qu'il est incapable de mentir; et pourtant croire d'après lui que le patron est charitable et généreux... ça me gêne dans les *entournures* de ma croyance.

— Oh! que c'est joli, Chalamel! oh! que c'est joli!...

— Sérieusement, j'aime autant croire à cela qu'à un miracle... Ce n'est pas plus difficile.

— M. Ferrand généreux!... lui... qui tondrait sur un œuf!

— Pourtant, messieurs, les quarante sous de notre déjeuner?

— Belle preuve! c'est comme lorsqu'on a

(1) Qu'on nous permette de mentionner ici avec une vénération profonde le nom de ce grand homme de bien, M. CHAMPION, que nous n'avons pas l'honneur de connaître personnellement, mais dont tous les pauvres de Paris parlent avec autant de respect que de reconnaissance.

par hasard un bouton sur le nez... c'est un accident.

— Oui, mais d'un autre côté, le maître-clerc m'a dit que depuis trois jours le patron a réalisé une énorme somme en bons du Trésor, et que...

— Eh bien?

— Parle donc...

— C'est que c'est un secret.

— Raison de plus... Ce secret?

— Votre parole d'honneur que vous n'en direz rien?...

— Sur la tête de nos enfants, nous la donnons.

— Que ma tante Messidor fasse des folies de son corps, si je bavarde!...

— Et puis, messieurs, rapportons-nous-en à ce que disait majestueusement le grand roi Louis XIV au doge de Venise, devant sa cour assemblée :

> Lorsqu'un secret est possédé par un clerc,
> Ce secret, il doit le dire, c'est clair.

— Allons... bon, voilà Chalamel avec ses proverbes!

— Je demande la tête de Chalamel...

— Les proverbes sont la sagesse des nations, c'est à ce titre que j'exige ton secret.

— Voyons, pas de bêtise... je vous dis que le maître-clerc m'a fait promettre de ne dire à personne...

— Oui, mais il ne t'a pas défendu de le dire à tout le monde?

— Enfin ça ne sortira pas d'ici? Va donc!..

— Il meurt d'envie de nous le dire, son secret.

— Eh bien! le patron vend sa charge; à l'heure qu'il est, c'est peut-être fait!...

— Ah bah!

— Voilà une drôle de nouvelle!...

— C'est renversant!

— Éblouissant!

— Voyons, sans charge, qui se charge de la charge dont il se décharge?

— Dieu! que ce Chalamel est insupportable avec ses rébus!

— Est-ce que je sais à qui il la vend?

— S'il la vend, c'est qu'il veut peut-être se lancer, donner des fêtes... des *routes*, comme dit le beau monde.

— Après tout, il a de quoi.

— Et pas la queue d'une famille.

— Je crois bien qu'il a de quoi! Le maître-clerc parle de plus d'un million y compris la valeur de la charge.

— Plus d'un million, c'est caressant.

— On dit qu'il a joué à la Bourse en catimini, avec le commandant Robert, et qu'il a gagné beaucoup d'argent.

— Sans compter qu'il vivait comme un ladre.

— Oui, mais ces ladrichons-là, une fois qu'ils se mettent à dépenser, deviennent plus prodigues que les autres.

— Aussi je suis comme Chalamel, je croirais assez que maintenant le patron veut la passer douce.

— Et il aurait joliment tort de ne pas s'abîmer de volupté et de ne pas se plonger dans les délices de Golconde... s'il en a le moyen... car, comme dit le vaporeux Ossian dans la grotte de Fingal :

>Tout notaire qui bambochera,
>S'il a du *quibus* raison aura.

— Je demande la tête de Chalamel!

— C'est absurde!

— Avec ça que le patron a joliment l'air de penser à s'amuser...

— Il a une figure à porter le diable en terre!...

— Et puis M. le curé qui vante sa charité!

— Eh bien! charité bien ordonnée commence par soi-même... Tu ne connais donc seulement pas tes commandements de Dieu, sauvage?... Si le patron se demande à lui-même l'aumône des plus grands plaisirs... il est de son devoir de se les accorder... ou il se regarderait comme bien peu...

— Moi, ce qui m'étonne, c'est cet ami intime qui lui est comme tombé des nues, et qui ne le quitte pas plus que son ombre...

— Sans compter qu'il a une mauvaise figure...

— Il est roux comme une carotte...

— Je serais assez porté à induire que cet intrus est le fruit d'un faux pas qu'aurait fait M. Ferrand à son aurore; car... comme le disait l'aigle de Meaux à propos de la prise de voile de la tendre La Vallière :

> Qu'on aime jeune homme ou vieux bibard,
> Souvent la fin est un moutard.

— Je demande la tête de Chalamel !

— C'est vrai... avec lui il est impossible de causer raison un moment.

— Quelle bêtise ! Dire que cet inconnu est le fils du patron... il est plus âgé que lui, on le voit bien.

— Eh bien ! à la grande rigueur, qu'est-ce que ça ferait ?

— Comment ? qu'est-ce que ça ferait : que le fils soit plus âgé que le père ?

— Messieurs ! j'ai dit à la grande... à la grandissime rigueur...

— Et comment expliques-tu ça ?

— C'est tout simple ; dans ce cas-là, l'intrus aurait fait le faux pas, et serait le père de M⁶ Ferrand au lieu d'être son fils.

— Je demande la tête de Chalamel !

— Ne l'écoutez donc pas ; vous savez qu'une fois qu'il est en train de dire des bêtises, il en a pour une heure...

— Ce qui est certain, c'est que cet intrus a une mauvaise figure, et ne quitte pas M⁶ Ferrand d'un moment.

— Il est toujours avec lui dans son cabinet, ils mangent ensemble, ils ne peuvent faire un pas l'un sans l'autre.

— Moi, il me semble que je l'ai déjà vu ici, l'intrus !

— Moi, pas...

— Dites donc, messieurs, est-ce que vous n'avez pas aussi remarqué que depuis quelques jours il vient régulièrement presque toutes les deux heures un homme à grandes moustaches blondes, tournure militaire, faire demander l'intrus... par le portier?... L'intrus descend, cause une minute avec l'homme à moustaches, après quoi celui-là fait demi-tour comme un automate, pour revenir deux heures après?

— C'est vrai, je l'ai remarqué... Il m'a semblé aussi rencontrer dans la rue, en m'en allant, des hommes qui avaient l'air de surveiller la maison...

— Sérieusement, il se passe ici quelque chose d'extraordinaire?

— Qui vivra verra.

— A ce sujet, le maître clerc en sait peut-être plus que nous? Mais il fait le diplomate...

— Tiens, au fait, où est-il donc? Depuis tantôt...

— Il est chez cette comtesse qui a été assassinée; il paraît qu'elle est maintenant hors d'affaire.

— La comtesse Mac-Grégor?

— Oui; ce matin elle avait fait demander le patron dare-dare, mais il lui a envoyé le maître-clerc à sa place.

— C'est peut-être pour un testament?

— Non, puisqu'elle va mieux.

— En a-t-il de la besogne, le maître-clerc, en a-t-il, maintenant qu'il remplace Germain comme caissier!

— A propos de Germain; en voilà encore une drôle de chose!

— Laquelle?

— Le patron, pour le faire remettre en liberté, a déclaré que c'était lui, M. Ferrand, qui avait fait erreur de compte et qu'il avait retrouvé l'argent qu'il réclamait de Germain.

— Moi, je ne trouve pas cela drôle, mais juste; vous vous le rappelez, je disais toujours: Germain est incapable de voler.

— C'est néanmoins très-ennuyeux pour lui d'avoir été arrêté et emprisonné comme voleur.

— Moi, à sa place, je demanderais des dommages et intérêts à M. Ferrand.

— Au fait, il aurait dû au moins le reprendre pour caissier, afin de prouver que Germain n'était pas coupable...

— Oui, mais Germain n'aurait peut-être pas voulu.

— Est-il toujours à cette campagne où il est allé en sortant de prison, et d'où il nous a écrit pour nous annoncer le désistement de M. Ferrand?

— Probablement, car hier je suis allé à l'adresse qu'il nous avait donnée; on m'a dit qu'il était encore à la campagne et qu'on pouvait lui écrire à Bouqueval, par Écouen, chez madame Georges, fermière.

— Ah! messieurs, une voiture! — dit Chalamel en se penchant vers la fenêtre. — Dame! ce n'est pas un fringant équipage comme celui de ce fameux vicomte. Vous rappelez-vous ce flambant Saint-Remy avec son chasseur chamarré d'argent et son gros cocher à perruque blanche. Cette fois, c'est tout bonnement un *sapin,* une citadine.

— Et qui en descend?

— Attendez donc!... Ah! une robe noire.

— Une femme!! une femme... oh! voyons voir...

— Dieu! que ce saute-ruisseau est indécemment charnel pour son âge; il ne pense qu'aux femmes, il faudra finir par l'enchaîner ou il enlèvera des Sabines en pleine rue; car, comme dit le cygne de Cambrai dans son *Traité d'Éducation* pour le Dauphin :

> Défiez-vous du saute-ruisseau
> Au beau sexe qui donne l'assaut.

— Je demande la tête de Chalamel!...

— Dame!... monsieur Chalamel, vous dites... une robe noire... moi je croyais...

— C'est M. le curé, imbécile!... Que ça te serve d'exemple.

— Le curé de la paroisse? le bon pasteur?

— Lui-même, messieurs.

— Voilà un digne homme!

— Ça n'est pas un jésuite celui-là...

— Je le crois bien, et si tous les prêtres lui

ressemblaient... il n'y aurait que des gens dévots.

— Silence! on tourne le bouton de la porte.
— A vous!... à vous!... c'est lui!

Et tous les clercs, se courbant sur leurs pupitres, se mirent à griffonner avec une ardeur apparente, faisant bruyamment crier leurs plumes sur le papier.

La pâle figure de ce prêtre était à la fois douce et grave, intelligente et vénérable; son regard rempli de mansuétude et de sérénité.

Une petite calotte noire cachait sa tonsure; ses cheveux gris, assez longs, flottaient sur le collet de sa redingote marron.

Hâtons-nous d'ajouter que, grâce à une confiance des plus candides, cet excellent prêtre avait toujours été et était encore dupe de l'habile et profonde hypocrisie de Jacques Ferrand.

— Votre digne patron... est-il dans son cabinet, mes enfants? — demanda le curé.

— Oui, monsieur l'abbé — dit Chalamel en se levant respectueusement. Et il ouvrit au prêtre la porte d'une chambre voisine de l'étude.

Entendant parler avec une certaine véhémence dans le cabinet de Jacques Ferrand, l'abbé, ne voulant pas écouter malgré lui, marcha rapidement vers la porte et y frappa.

— Entrez — dit une voix avec un accent italien assez prononcé.

Le prêtre se trouva en face de Polidori et de Jacques Ferrand.

Les clercs du notaire ne semblaient pas s'être trompés en assignant un terme prochain à la mort de leur patron.

Depuis la fuite de Cecily, le notaire était devenu presque méconnaissable.

Quoique son visage fût d'une maigreur effrayante, d'une lividité cadavéreuse, une rougeur fébrile colorait ses pommettes saillantes; un tremblement nerveux, interrompu çà et là par quelques soubresauts convulsifs, l'agitait presque continuellement; ses mains décharnées étaient sales et brûlantes; ses larges lunettes vertes cachaient ses yeux injectés de sang, qui brillaient du sombre feu d'une fièvre dévorante; en un mot, ce masque sinistre trahissait les ravages d'une consomption sourde et incessante.

La physionomie de Polidori contrastait avec celle du notaire; rien de plus amèrement, de plus froidement ironique que l'expression des traits de cet autre scélérat; une forêt de cheveux d'un roux ardent, mélangés de quelques mèches argentées, couronnaient son front blême et ridé; ses yeux pénétrants, transparents et verts comme l'aigue-marine, étaient très-rapprochés de son nez crochu; sa bouche, aux lèvres minces, rentrées, exprimait le sarcasme et la méchanceté. Polidori, complétement vêtu de noir, était assis auprès du bureau de Jacques Ferrand.

A la vue du prêtre tous se levèrent.

— Eh bien! comment allez-vous, mon digne monsieur Ferrand? — dit l'abbé avec sollicitude. — Vous trouvez-vous un peu mieux?

— Je suis toujours dans le même état, monsieur l'abbé; la fièvre ne me quitte pas — répondit le notaire; les insomnies me tuent... Que la volonté de Dieu soit faite!

— Voyez, monsieur l'abbé — ajouta Polidori avec componction; — quelle pieuse résignation! Mon pauvre ami est toujours le même; il ne trouve quelque adoucissement à ses maux que dans le bien qu'il fait...

— Je ne mérite pas ces louanges, veuillez m'en dispenser — dit sèchement le notaire en dissimulant à peine un ressentiment de colère et de haine contraintes. — Au Seigneur seul appartient l'appréciation du bien et du mal; je ne suis qu'un misérable pécheur...

— Nous sommes tous pécheurs — reprit doucement l'abbé; — mais nous n'avons pas tous la charité qui vous distingue, mon respectable ami. Bien rares ceux qui, comme vous, se détachent assez des biens terrestres pour songer à les employer de leur vivant d'une façon si chrétienne... Persistez-vous toujours à vous défaire de votre charge, afin de vous livrer plus entièrement aux pratiques de la religion?

— Depuis avant-hier ma charge est vendue, monsieur l'abbé; quelques concessions m'ont permis d'en réaliser, chose bien rare, le prix comptant; cette somme, ajoutée à d'autres, me servira à fonder l'institution dont je vous ai parlé, et dont j'ai définitivement arrêté le plan que je vais vous soumettre...

— Ah! mon digne ami! — dit l'abbé avec une profonde et sainte admiration; — faire tant de bien... si simplement!.. et, je puis le dire, si naturellement!... Je vous le répète, les gens comme vous sont rares, il n'y a pas assez de bénédictions pour eux.

— C'est que bien peu de personnes réunissent, comme Jacques, la richesse à la piété, l'intelligence à la charité — dit Polidori avec un sourire ironique qui échappa au bon abbé.

A ce nouvel et sarcastique éloge, la main du notaire se crispa involontairement; il lança, sous ses lunettes, un regard de rage infernale à Polidori.

— Vous voyez, monsieur l'abbé — se hâta de dire l'*ami intime* de Jacques Ferrand; — toujours ces soubresauts nerveux, et il ne veut rien faire... Il me désole... il est son propre bourreau... Oui, j'aurai le courage de le dire devant M. l'abbé, tu es ton propre bourreau, mon pauvre ami!...

A ces mots de Polidori, le notaire tressaillit encore convulsivement, mais il se calma.

Un homme moins naïf que l'abbé eût remarqué, pendant cet entretien, et surtout pendant celui qui va suivre, l'accent contraint et courroucé de Jacques Ferrand; car il est inutile de dire qu'une volonté supérieure à la sienne, que la volonté de Rodolphe en un mot, imposait à cet homme des paroles et des actes diamétralement opposés à son véritable caractère.

Aussi, quelquefois poussé à bout, le notaire paraissait hésiter à obéir à cette toute-puissante et invisible autorité; mais un regard de Polidori mettait un terme à cette indécision; alors, concentrant avec un soupir de fureur les plus violents ressentiments, Jacques Ferrand subissait le joug qu'il ne pouvait briser.

— Hélas! monsieur l'abbé — reprit Polidori qui semblait prendre à tâche de torturer son complice, comme on dit vulgairement, *à coups d'épingles* — mon pauvre ami néglige trop sa santé... Dites-lui donc, avec moi, qu'il se soigne, sinon pour lui, pour ses amis, du moins pour les malheureux dont il est l'espoir et le soutien...

— Assez!... assez!... — murmura le notaire d'une voix sourde.

— Non, ce n'est pas assez — dit le prêtre avec émotion — on ne saurait trop vous répéter que vous ne vous appartenez pas, et qu'il est mal de négliger ainsi votre santé. Depuis dix ans que je vous connais, je ne vous ai jamais vu malade; mais depuis un mois environ vous n'êtes plus reconnaissable. Je suis d'autant plus frappé de l'altération de vos traits, que j'étais resté quelque temps sans vous voir. Aussi, lors de notre première entrevue, je n'ai pu vous cacher ma surprise; mais le changement que je remarque en vous depuis plusieurs jours est bien plus grave : vous dépérissez à vue d'œil, vous nous inquiétez sérieusement... Je vous en conjure, mon digne ami, songez à votre santé...

— Je vous suis on ne peut plus reconnaissant de votre intérêt, monsieur l'abbé; mais je vous assure que ma position n'est pas aussi alarmante que vous le croyez.

— Puisque tu t'opiniâtres ainsi — reprit Polidori — je vais tout dire à M. l'abbé, moi : il t'aime, il t'estime, il t'honore beaucoup; que sera-ce donc lorsqu'il saura tes nouveaux mérites? lorsqu'il saura la véritable cause de ton dépérissement?

— Qu'est-ce encore? — dit l'abbé.

— Monsieur l'abbé — dit le notaire avec impatience — je vous ai prié de vouloir bien venir me visiter pour vous communiquer des projets d'une haute importance, et non pour m'entendre ridiculement louanger par *mon ami*.

— Tu sais, Jacques, que de moi il faut te résigner à tout entendre — dit Polidori en regardant fixement le notaire.

Celui-ci baissa les yeux et se tut.

Polidori continua :

—Vous avez peut-être remarqué, monsieur l'abbé, que les premiers symptômes de la maladie nerveuse de Jacques ont eu lieu peu de temps après l'abominable scandale que Louise Morel a causé dans cette maison.

Le notaire frissonna.

— Vous savez donc le crime de cette malheureuse fille, monsieur?—demanda le prêtre étonné. — Je ne vous croyais arrivé à Paris que depuis peu de jours?

— Sans doute, monsieur l'abbé; mais Jacques m'a tout raconté, comme à son ami, comme à son médecin; car il attribue presque à l'indignation que lui a fait éprouver le crime de Louise l'ébranlement nerveux dont il se ressent aujourd'hui... Ce n'est rien encore, mon pauvre ami devait, hélas! endurer de nouveaux coups, qui ont, vous le voyez, altéré sa santé... Une vieille servante, qui depuis bien des années lui était attachée par les liens de la reconnaissance...

— Madame Séraphin? — dit le curé en interrompant Polidori — j'ai su la mort de cette infortunée, noyée par une malheureuse imprudence, et je comprends le chagrin de M. Ferrand : on n'oublie pas ainsi dix ans de loyaux services... de tels regrets honorent autant le maître que le serviteur...

— Monsieur l'abbé — dit le notaire — je vous en supplie, ne parlez pas de mes vertus... vous me rendez confus... cela m'est pénible.

— Et qui en parlera donc? sera-ce toi? — reprit affectueusement Polidori ; — mais vous allez avoir à le louer bien davantage, monsieur l'abbé : vous ignorez peut-être quelle est la servante qui a remplacé, chez Jacques, Louise Morel et madame Séraphin? Vous ignorez enfin ce qu'il a fait pour cette pauvre Cecily... car cette nouvelle servante s'appelait Cecily, monsieur l'abbé.

Le notaire, malgré lui, fit un bond sur son siége ; ses yeux flamboyèrent sous ses lunettes, une rougeur brûlante empourpra ses traits livides.

—Tais-toi... tais-toi !..—s'écria-t-il en se levant à demi. — Pas un mot de plus, je te le défends !..

— Allons, allons, calmez-vous — dit l'abbé en souriant avec mansuétude — quelque généreuse action à révéler encore?.. quant à moi, j'approuve fort l'indiscrétion de votre ami... Je ne connaissais pas, en effet, cette servante, car c'est justement peu de jours après son entrée chez notre digne M. Ferrand, qu'accablé d'occupations il a été obligé, à mon grand regret, d'interrompre momentanément nos relations.

— C'était pour vous cacher la nouvelle bonne œuvre qu'il méditait, monsieur l'abbé; aussi, quoique sa modestie se révolte, il faudra bien qu'il m'entende, et vous allez tout savoir — reprit Polidori en souriant.

Jacques Ferrand se tut, s'accouda sur son bureau et cacha son front dans ses mains.

CHAPITRE XIII.

LA BANQUE DES PAUVRES.

—Imaginez-vous donc, monsieur l'abbé— reprit Polidori en s'adressant au curé, mais en accentuant, pour ainsi dire, chaque phrase par un coup d'œil ironique jeté à Jacques Ferrand—imaginez-vous que mon ami trouva dans sa nouvelle servante, qui, je vous l'ai déjà dit, s'appelait Cecily, les meilleures qualités... une grande modestie... une douceur angélique... et surtout beaucoup de piété... Ce n'est pas tout. Jacques, vous le savez, doit à sa longue pratique des affaires une pénétration extrême ; il s'aperçut bientôt que cette jeune femme... car elle était jeune et fort jolie, monsieur l'abbé, que cette jeune et jolie femme n'était pas faite pour l'état de servante, et qu'à des principes vertueusement austères... elle joignait une instruction solide et des connaissances... très-variées.

— En effet... ceci est étrange — dit l'abbé fort intéressé. — J'ignorais complétement ces circonstances... Mais qu'avez-vous, mon bon monsieur Ferrand, vous semblez plus souffrant?

— En effet — dit le notaire en essuyant la sueur froide qui coulait de son front, car la contrainte qu'il s'imposait était atroce — j'ai un peu de migraine... mais cela passera.

Polidori haussa les épaules en souriant.

— Remarquez, monsieur l'abbé — ajouta-t-il — que Jacques est toujours ainsi lorsqu'il s'agit de dévoiler quelqu'une de ses charités cachées; il est si hypocrite au sujet du bien qu'il fait! heureusement me voici, justice éclatante lui sera rendue. Revenons à Cecily. A son tour, elle eut bientôt deviné l'excellence du cœur de Jacques; et lorsque celui-ci l'interrogea sur le passé, elle lui avoua naïvement qu'étrangère, sans ressources, et réduite, par l'inconduite de son mari, à la plus humble des conditions, elle avait regardé comme un coup du ciel de pouvoir entrer dans la sainte maison d'un homme aussi vénérable que M. Ferrand; à la vue de tant de malheur... de résignation... de vertu... Jacques n'hésita pas; il écrivit au pays de cette infortunée pour avoir sur elle quelques renseignements, ils furent parfaits et confirmèrent la réalité de tout ce qu'elle avait raconté à notre ami ; alors, sûr de placer justement son bienfait, Jacques bénit Cecily comme un père... la renvoya dans son pays avec une somme d'argent qui lui permettait d'attendre des jours meilleurs et l'occasion de trouver une condition convenable. Je n'ajouterai pas un mot de louange pour Jacques... les faits sont plus éloquents que mes paroles.

— Bien, très-bien... — s'écria le curé attendri.

— Monsieur l'abbé — dit Jacques Ferrand d'une voix sourde et brève... — je ne voudrais pas abuser de vos précieux moments, ne parlons plus de moi, je vous en conjure, mais du projet pour lequel je vous ai prié de venir ici, et à propos duquel je vous ai demandé votre bienveillant concours.

— Je conçois que les louanges de votre ami blessent votre modestie; occupons-nous donc de vos nouvelles bonnes œuvres, et oublions que vous en êtes l'auteur; mais avant parlons de l'affaire dont vous m'avez chargé. J'ai, selon votre désir, déposé à la Banque de France, et sous mon nom, la somme de cent mille écus destinés à la restitution dont vous êtes l'intermédiaire, et qui doit s'opérer par mes mains... Vous avez préféré que ce dépôt ne restât pas chez vous, quoique pourtant il y eût été, ce me semble, aussi sûrement placé qu'à la Banque.

— En cela, monsieur l'abbé, je me suis conformé aux intentions de l'auteur inconnu de cette restitution; il agit ainsi pour le repos de sa conscience... D'après ses vœux, j'ai dû vous confier cette somme, et vous prier de la remettre à madame veuve de Fermont... née de Renneville... (la voix du notaire trembla légèrement en prononçant ces noms), lorsque cette dame se présenterait chez vous en justifiant de sa possession d'état.

— J'accomplirai la mission dont vous me chargez — dit le prêtre.

— Ce n'est pas la dernière, monsieur l'abbé.

— Tant mieux, si les autres ressemblent à celle-ci; car, sans vouloir rechercher les motifs qui l'imposent, je suis toujours touché d'une restitution volontaire; ces arrêts souverains, que la seule conscience dicte et qu'on exécute fidèlement et librement dans son for intérieur, sont toujours l'indice d'un repentir sincère, et ce n'est pas une expiation stérile que celle-là.

— N'est-ce pas, monsieur l'abbé? cent mille écus restitués d'un coup, c'est rare; moi, j'ai été plus curieux que vous; mais que pouvait ma curiosité contre l'inébranlable discrétion de Jacques? Aussi, j'ignore encore le nom de l'honnête homme qui faisait cette noble restitution.

— Quel qu'il soit — dit l'abbé — je suis certain qu'il est placé très-haut dans l'estime de Mc Ferrand.

— Cet honnête homme est en effet, monsieur l'abbé, placé très-haut dans mon estime — répondit le notaire avec une amertume mal dissimulée.

— Et ce n'est pas tout, monsieur l'abbé —

reprit Polidori en regardant Jacques Ferrand d'un air significatif — vous allez voir jusqu'où vont les généreux scrupules de l'auteur inconnu de cette restitution; et, s'il faut tout dire, je soupçonne fort notre ami de n'avoir pas peu contribué à éveiller ces scrupules... et à trouver moyen de les calmer.

— Comment cela? — demanda le prêtre.

— Que voulez-vous dire? — ajouta le notaire.

— Et les Morel, cette brave et honnête famille?

— Ah! oui... oui... en effet... j'oubliais...— dit Jacques Ferrand d'une voix sourde.

— Figurez-vous, monsieur l'abbé — reprit Polidori — que l'auteur de cette restitution, sans doute conseillée par Jacques, non content de rendre cette somme considérable, veut encore... mais je laisse parler ce digne ami... c'est un plaisir que je ne veux pas lui ravir...

— Je vous écoute, mon cher monsieur Ferrand — dit le prêtre.

— Vous savez — reprit Jacques Ferrand avec une componction hypocrite mêlée çà et là de mouvements de révolte involontaire contre le rôle qui lui était imposé, mouvements que trahissaient fréquemment l'altération de sa voix et l'hésitation de sa parole — vous savez, monsieur l'abbé, que l'inconduite de Louise Morel... a porté un coup si terrible à son père qu'il est devenu fou... La nombreuse famille de cet artisan courait risque de mourir de misère, privée de son seul soutien. Heureusement la Providence est venue à son secours... et... la... personne qui fait la restitution volontaire dont vous voulez bien être l'intermédiaire, monsieur l'abbé, n'a pas cru avoir suffisamment expié un... grand abus... de confiance... Elle m'a donc demandé si je ne connaîtrais pas une intéressante infortune à soulager... J'ai dû signaler à sa générosité la famille Morel, et l'on m'a prié, en me donnant les fonds nécessaires, que je vous remettrai tout à l'heure, de vous charger de constituer une rente de deux mille francs sur la tête de Morel, réversible sur sa femme et sur ses enfants...

— Mais, en vérité — dit l'abbé — tout en acceptant cette nouvelle mission, bien respectable sans doute, je m'étonne qu'on ne vous en ait pas chargé vous-même.

— La personne inconnue a pensé, et je partage cette croyance, que ses bonnes œuvres acquerraient un nouveau prix... seraient pour ainsi dire sanctifiées... en passant par des mains aussi pieuses que les vôtres, monsieur l'abbé...

— A cela je n'ai rien à répondre; je constituerai la rente de deux mille francs sur la tête de Morel, le digne et malheureux père de Louise. Mais je crois, comme votre ami, que vous n'avez pas été étranger à la résolution qui a dicté ce nouveau don expiatoire...

— J'ai désigné la famille Morel... rien de plus, je vous prie de le croire, monsieur l'abbé — répondit Jacques Ferrand.

— Maintenant — dit Polidori — vous allez voir, monsieur l'abbé, à quelle hauteur de vues philanthropiques mon bon Jacques s'est élevé à propos de l'établissement charitable dont nous nous sommes déjà entretenus; il va vous lire le plan qu'il a définitivement arrêté; l'argent nécessaire pour la fondation des rentes est là, dans sa caisse; mais depuis hier il lui est survenu un scrupule; et, s'il n'ose vous le dire, je m'en charge...

— C'est inutile — reprit Jacques Ferrand, qui quelquefois aimait encore mieux s'étourdir par ses propres paroles que d'être forcé de subir en silence les louanges ironiques de son complice. — Voici le fait, monsieur l'abbé... J'ai réfléchi... qu'il serait d'une humilité... plus chrétienne... que cet établissement... ne fût pas institué sous mon nom.

— Mais cette humilité est exagérée — s'écria l'abbé. — Vous pouvez, vous devez légitimement vous enorgueillir de votre charitable fondation; c'est un droit, presque un devoir pour vous d'y attacher votre nom.

— Je préfère cependant, monsieur l'abbé, garder l'incognito, j'y suis résolu... Et je compte assez sur votre bonté pour espérer que vous voudrez bien remplir pour moi, en me gardant le plus profond secret, les dernières formalités, et choisir les employés inférieurs de cet établissement; je me suis seulement réservé la nomination du directeur et d'un gardien.

— Lors même que je n'aurais pas un vrai

plaisir à concourir à cette œuvre, qui est la vôtre, il serait de mon devoir d'accepter... j'accepte donc.

— Maintenant, monsieur l'abbé, si vous le voulez bien, mon ami va vous lire le plan qu'il a définitivement arrêté...

— Puisque vous êtes si obligeant, *mon ami*... — dit Jacques Ferrand avec amertume — lisez vous-même... épargnez-moi cette peine... — Je vous en prie...

— Non, non — répondit Polidori en jetant au notaire un regard dont celui-ci comprit la signification sarcastique — je me fais un vrai plaisir de t'entendre exprimer toi-même les nobles sentiments qui t'ont guidé dans cette fondation philanthropique.

— Soit, je lirai — dit brusquement le notaire, en prenant un papier sur son bureau.

Polidori, depuis long-temps complice de Jacques Ferrand, connaissait les crimes et les secrètes pensées de ce misérable, aussi ne put-il retenir un sourire cruel en le voyant forcé de lire cette note dictée par Rodolphe.

On le voit, le prince se montrait d'une logique inexorable dans la punition qu'il infligeait au notaire.

Luxurieux... il le torturait par la luxure.

Cupide... par la cupidité.

Hypocrite... par l'hypocrisie.

Car si Rodolphe avait choisi le prêtre vénérable dont il est question pour être l'agent des restitutions et de l'expiation imposées à Jacques Ferrand, c'est qu'il voulait doublement punir celui-ci d'avoir, par sa détestable hypocrisie, surpris la naïve estime et l'affection candide du bon abbé.

N'était-ce pas, en effet, une grande punition pour ce hideux imposteur, pour ce criminel endurci, que d'être contraint de pratiquer enfin les vertus chrétiennes qu'il avait si souvent simulées, et cette fois de mériter, en frémissant d'une rage impuissante, les justes éloges d'un prêtre respectable dont il avait jusqu'alors fait sa dupe.

Jacques Ferrand lut donc la note suivante avec les ressentiments cachés qu'on peut lui supposer.

ÉTABLISSEMENT DE LA BANQUE DES TRAVAILLEURS SANS OUVRAGE.

« *Aimons-nous les uns les autres*, a dit le
» *Christ*.

» Ces divines paroles contiennent le germe
» de tous devoirs, de toutes vertus, de toutes
» charités.

» Elles ont inspiré l'humble fondateur de
» cette institution.

» Au Christ seul appartient le bien qu'il
» aura fait.

» Limité quant aux moyens d'action, le
» fondateur a voulu du moins faire participer
» le plus grand nombre possible de ses frères
» aux secours qu'il leur offre.

» Il s'adresse d'abord aux ouvriers honnêtes,
» laborieux et chargés de famille, que le
» *manque de travail* réduit souvent à de cruel-
» les extrémités.

» Ce n'est pas une aumône dégradante qu'il
» fait à ses frères, c'est un prêt gratuit qu'il
» leur offre.

» Puisse ce prêt, comme il l'espère, les em-
» pêcher souvent de grever indéfiniment leur

» avenir par ces emprunts écrasants qu'ils sont
» forcés de contracter afin d'attendre le retour
» du travail, leur seule ressource, et de sou-
» tenir la famille dont ils sont l'unique appui.

» Pour garantie de ce prêt, il ne demande
» à ses frères qu'un *engagement d'honneur et*
» *une solidarité de parole jurée.*

» Il affecte un revenu annuel de douze
» mille francs à faire la première année, jus-
» qu'à la concurrence de cette somme, *des*
» *prêts-secours de vingt à quarante francs*, sans
» intérêts, en faveur des *ouvriers mariés et*
» *sans ouvrage*, domiciliés dans le 7e arron-
» dissement.

» On a choisi ce quartier comme étant l'un
» de ceux où la classe ouvrière est le plus
» nombreuse.

» Ces prêts ne seront accordés qu'aux ou-
» vriers ou ouvrières porteurs d'un certificat
» de bonne conduite, délivré par leur dernier
» patron, qui indiquera la cause et la date de
» la suspension du travail.

» Ces prêts seront remboursables mensuel-
» lement par sixième ou par douzième, au

» choix de l'emprunteur, *à partir du jour où il*
» *aura retrouvé de l'emploi.*

» Il souscrira un simple *engagement d'hon-*
» *neur* de rembourser le prêt aux époques
» fixées.

» A cet engagement adhéreront, comme
» garants, deux de ses camarades, afin de dé-
» velopper et d'étendre, par la solidarité, la
» religion de la promesse jurée (1).

» L'ouvrier qui ne rembourserait pas la
» somme empruntée par lui, ne pourrait,
» ainsi que ses deux garants, prétendre désor-
» mais à un nouveau prêt; car il aurait forfait
» à un engagement sacré, et surtout privé suc-
» cessivement plusieurs de ses frères de l'a-
» vantage dont il a joui, la somme qu'il ne
» rendrait pas étant perdue pour la banque
» des pauvres.

» Ces sommes prêtées étant, au contraire,

---

(1) On ignore peut-être que la classe ouvrière porte généralement un tel respect à la chose due, que les vampires qui
lui prêtent à la petite semaine au taux énorme de 3 à 400
pour 100, n'exigent aucun engagement écrit, et qu'ils sont
toujours religieusement remboursés. C'est surtout à la Halle
et dans les environs que s'exerce cette abominable indus-
trie.

» scrupuleusement remboursées, les *prêts-se-*
» *cours* augmenteront d'année en année de
» nombre et de quotité, et un jour il sera pos-
» sible de faire participer d'autres arrondis-
» sements aux mêmes bienfaits.

» Ne pas dégrader l'homme par l'aumône...

» Ne pas encourager la paresse par un don
» stérile...

» Exalter les sentiments d'honneur et de
» probité naturels aux classes laborieuses...

» Venir fraternellement en aide au travail-
» leur qui, vivant déjà difficilement au jour le
» jour, grâce à l'insuffisance des salaires, ne
» peut, quand vient le chômage, *suspendre* ses
» besoins ni ceux de sa famille parce qu'on
» *suspend* les travaux...

» Telles sont les pensées qui ont présidé à
» cette institution (1).

(1) Notre projet, sur lequel nous avons consulté plusieurs ouvriers aussi honorables qu'éclairés, est bien imparfait sans doute; mais nous le livrons aux réflexions des personnes qui s'intéressent aux classes ouvrières, espérant que le germe d'utilité qu'il renferme (nous ne craignons pas de l'affirmer) pourra être fécondé par un esprit plus puissant que le nôtre.

» Que celui qui a dit : *Aimons-nous les uns*
» *les autres*, en soit seul glorifié. »

— Ah! monsieur — s'écria l'abbé avec une religieuse admiration — quelle idée charitable! combien je comprends votre émotion en lisant ces lignes d'une si touchante simplicité!

En effet, en achevant cette lecture, la voix de Jacques Ferrand était altérée; sa patience et son courage étaient à bout; mais, surveillé par Polidori, il n'osait, il ne pouvait enfreindre les moindres ordres de Rodolphe.

Que l'on juge de la rage du notaire, forcé de disposer si libéralement, si charitablement de sa fortune en faveur d'une classe qu'il avait impitoyablement poursuivie dans la personne de Morel, le lapidaire.

— N'est-ce pas, monsieur l'abbé, que l'idée de Jacques est excellente? — reprit Polidori.

— Ah! monsieur, moi qui connais toutes les misères, je suis plus à même que personne de comprendre de quelle importance peut être, pour de pauvres et honnêtes ouvriers sans travail, ce prêt qui semblerait bien modique aux heureux du monde... Hélas! que de bien ils feraient s'ils savaient qu'avec une somme si minime qu'elle défrayerait à peine le moindre de leurs fastueux caprices... qu'avec trente ou quarante francs qui leur seraient *scrupuleusement rendus*, mais sans intérêt... ils pourraient souvent sauver l'avenir, quelquefois l'honneur d'une famille que le manque d'ouvrage met aux prises avec les effrayantes obsessions de la misère et du besoin. L'indigence sans travail ne trouve jamais de crédit, ou, si l'on consent à lui prêter de petites sommes sans nantissement, c'est au prix d'intérêts usuraires monstrueux ; elle empruntera trente sous pour huit jours, et il faudra qu'elle en rende quarante, et encore ces prêts modiques sont rares et difficiles. Les prêts du Mont-de-Piété eux-mêmes coûtent, dans certaines circonstances, près de trois cents pour cent (1). L'artisan sans

---

(1) Nous empruntons les renseignements suivants à un éloquent et excellent travail publié par M. Alphonse Esquiros dans la *Revue de Paris* du 11 juin 1843. « La moyenne des articles engagés pour *trois francs* chez les commissionnaires des 8e et 12e arrondissements est au moins de *cinq cents* dans un jour. La population ouvrière réduite à d'aussi faibles ressources ne retire donc du Mont-de-Piété que des avances insignifiantes en comparaison de ses besoins. — Aujourd'hui

travail y dépose souvent pour quarante sous l'unique couverture qui, dans les nuits d'hiver, défend lui et les siens de la rigueur du froid... Mais — ajouta l'abbé avec enthousiasme — un prêt de trente ou quarante francs sans intérêt, et remboursable par douzièmes quand l'ouvrage revient... mais pour d'hon-

---

les droits du Mont-de-Piété s'élèvent dans les cas ordinaires à 15 pour 100; mais ces droits augmentent dans une proportion effrayante si le prêt, au lieu d'être annuel, est fait pour un temps moins long. Or, comme les articles déposés par la classe pauvre sont, en général, des objets de première nécessité, il résulte qu'on les apporte et qu'on les retire presque aussitôt; il est des effets qui sont régulièrement engagés et dégagés une fois par semaine. Dans cette circonstance, supposons un prêt de 5 francs; l'intérêt payé par l'emprunteur sera alors calculé sur le taux de 294 pour 100, — par an. — L'argent qui s'amasse, chaque année, dans la caisse du Mont-de-Piété tombe incontinent dans celle des hospices : cette somme est très-considérable. En 1840, année de détresse, les bénéfices se sont élevés à 422,215 francs. On ne peut nier, — dit en terminant M. Esquiros avec une haute raison, — que cette somme n'ait une destination louable, puisque venant de la misère elle retourne à la misère; mais on se fait néanmoins cette question grave : *Si c'est bien au pauvre qu'il appartient de venir au secours du pauvre!* Disons enfin que M. Esquiros, tout en réclamant de grandes améliorations à établir dans l'exercice du Mont-de-Piété, rend hommage au zèle du directeur actuel, M. Delaroche, qui a déjà entrepris d'utiles réformes.

nêtes ouvriers c'est le salut, c'est l'espérance, c'est la vie... Et avec quelle fidélité ils s'acquitteront! Ah! monsieur, ce n'est pas là où vous trouverez des faillites... C'est une dette sacrée que celle que l'on a contractée pour donner du pain à sa femme et à ses enfants!

— Combien les éloges de M. l'abbé doivent t'être précieux, Jacques — dit Polidori — et combien il va t'en adresser encore... pour ta fondation du Mont-de-Piété gratuit!

— Comment?

— Certainement, monsieur l'abbé; Jacques n'a pas oublié cette question, qui est pour ainsi dire une annexe de sa banque des pauvres.

— Il serait vrai! — s'écria le prêtre en joignant les mains avec admiration.

— Continue, Jacques — dit Polidori.

Le notaire continua d'une voix rapide; car cette scène lui était odieuse :

« Les prêts-secours ont pour but de remé-
» dier à l'un des plus graves accidents de la vie
» ouvrière, *l'interruption du travail*. Ils ne se-
» ront donc absolument accordés qu'aux arti-
» sans qui manqueront d'ouvrage.

» Mais il reste à prévoir d'autres cruels em-

» barras, qui atteignent même le travailleur
» occupé.

» Souvent un chômage d'un ou deux jours,
» nécessité quelquefois par la fatigue, par les
» soins à donner à une femme ou à un enfant
» malades, par un déménagement forcé, prive
» l'ouvrier de sa ressource quotidienne... Alors
» il a recours au Mont-de-Piété, dont l'argent
» est à un taux énorme, ou à des prêteurs
» clandestins, qui prêtent à des intérêts mons-
» trueux.

» Voulant, autant que possible, alléger le
» fardeau de ses frères, le fondateur de la Ban-
» que des pauvres affecte un revenu de 25,000
» francs par an à des prêts sur gages, qui ne
» pourront s'élever au delà de 10 francs pour
» chaque prêt.

» Les emprunteurs ne paieront ni frais
» ni intérêts, mais ils devront prouver qu'ils
» exercent une profession honorable, et four-
» nir une déclaration de leurs patrons, qui
» justifiera de leur moralité.

» Au bout de deux années, on vendra sans
» frais les effets qui n'auront pas été dégagés;
» le montant, provenant du surplus de cette

» vente, sera placé à 5 pour 100 d'intérêts au
» profit de l'engagiste.

» Au bout de cinq ans, s'il n'a pas réclamé
» cette somme, elle sera acquise à la Banque
» des pauvres et jointe aux rentrées succes-
» sives, elle permettra d'augmenter successi-
» vement le nombre des prêts (1).

» L'administration et le bureau des prêts
» de la Banque des pauvres seront placés rue
» du Temple, n° 17, dans une maison achetée
» à cet effet au sein de ce quartier populeux.
» Un revenu de 10,000 francs sera affecté aux
» frais et à l'administration de la Banque des
» pauvres dont le directeur à vie sera... »

Polidori interrompit le notaire, et dit au prêtre :

— Vous allez voir, monsieur l'abbé, par le choix du directeur de cette administration, si Jacques sait réparer le mal qu'il a fait involontairement. Vous savez que, par une erreur qu'il déplore, il avait faussement accusé son

---

(1) Nous avons dit que dans quelques petits États d'Italie il existe des Monts-de-Piété gratuits, fondations charitables qui ont beaucoup d'analogie avec l'établissement que nous supposons.

caissier du détournement d'une somme qui s'est ensuite retrouvée...

— Sans doute...

— Eh bien ! c'est à cet honnête garçon, nommé François Germain, que Jacques accorde la direction à vie de cette banque, avec des appointements de 4,000 francs. N'est-ce pas admirable... monsieur l'abbé ?

— Rien ne m'étonne plus maintenant, ou plutôt rien ne m'a étonné jusqu'ici — dit le prêtre... — La fervente piété, les vertus de notre digne ami devaient tôt ou tard avoir un résultat pareil... Consacrer toute sa fortune à une si belle institution, ah ! c'est admirable !

— Plus d'un million, monsieur l'abbé ! — dit Polidori — plus d'un million amassé à force d'ordre, d'économie et de probité !.. Et il y avait pourtant des misérables capables d'accuser Jacques d'avarice !.. Comment, disaient-ils, son étude lui rapporte 50 ou 60,000 francs par an, et il vit de privations !

— A ceux-là — reprit l'abbé avec enthousiasme — je répondrais : Pendant quinze ans il a vécu comme un indigent... afin de pouvoir un jour magnifiquement soulager les indigents.

— Mais sois donc au moins fier et joyeux du bien que tu fais — s'écria Polidori en s'adressant à Jacques Ferrand, qui, sombre, abattu, le regard fixe, semblait absorbé dans une méditation profonde.

— Hélas! — dit tristement l'abbé — ce n'est pas dans ce monde que l'on reçoit la récompense de tant de vertus, on a une ambition plus haute...

— Jacques — dit Polidori en touchant légèrement l'épaule du notaire — finis donc ta lecture.

Le notaire tressaillit, passa sa main sur son front, puis, s'adressant au prêtre, il lui dit :

— Pardon, monsieur l'abbé, mais je songeais... je songeais à l'immense extension que pourra prendre cette banque des pauvres par la seule accumulation des revenus, si les prêts de chaque année, régulièrement remboursés, ne les entamaient pas... Au bout de quatre ans elle pourrait déjà faire pour environ cinquante mille écus de prêts gratuits ou sur gages... C'est énorme... énorme... et je m'en félicite — ajouta-t-il en songeant, avec une rage cachée, à la valeur du sacrifice qu'on lui imposait. Il reprit : — J'en étais, je crois...

— A la nomination de François Germain pour directeur de la Société — dit Polidori.

Jacques Ferrand continua :

« Un revenu de dix mille francs sera affecté
» aux frais et à l'administration de la *Banque*
» *des Travailleurs sans ouvrage*, dont le direc-
» teur à vie sera François Germain, et dont
» le gardien sera le portier actuel de la mai-
» son, nommé Pipelet.

» M. l'abbé Dumont, auquel les fonds néces-
» saires à la fondation de l'œuvre seront remis,
» instituera un conseil supérieur de surveil-
» lance composé du maire et du juge de paix
» de l'arrondissement, qui s'adjoindront les
» personnes qu'ils jugeront utiles au patro-
» nage et à l'extension de la Banque des pau-
» vres; car le fondateur s'estimerait mille fois
» payé du peu qu'il fait, si quelques person-
» nes charitables concouraient à son œuvre.

» On annoncera l'ouverture de cette ban-

» que par tous les moyens de publicité pos-
» sible...

» Le fondateur répète, en finissant, qu'il n'a
» aucun mérite à faire ce qu'il fait pour ses
» frères.

» Sa pensée n'est que l'écho de cette pensée
» divine :

» AIMONS-NOUS LES UNS LES AUTRES.... »

— Et votre place sera marquée dans le ciel auprès de celui qui a prononcé ces paroles immortelles — s'écria l'abbé en venant serrer avec effusion les mains de Jacques Ferrand dans les siennes.

Le notaire était à bout...

Les forces lui manquaient.... Sans répondre aux félicitations de l'abbé, il se hâta de lui remettre en bons du Trésor la somme considérable nécessaire à la fondation de cette œuvre, et de la rente de Morel le lapidaire.

— J'ose croire, monsieur l'abbé — dit enfin Jacques Ferrand — que vous ne refuserez pas cette nouvelle mission, confiée à votre charité. Du reste, un étranger..... nommé sir Walter Murph... qui m'a donné quelques avis... sur la rédaction de ce projet, allégera quelque peu votre fardeau.... et ira aujourd'hui même causer avec vous de la pratique de l'œuvre et se mettre à votre disposition, s'il peut vous être utile. Excepté pour lui, je vous prie donc de me garder le plus profond secret, monsieur l'abbé.

— Vous avez raison... Dieu sait ce que vous faites pour vos frères... Qu'importe le reste?... Tout mon regret est de ne pouvoir apporter que mon zèle dans cette noble institution; il sera du moins aussi ardent que votre charité est intarissable... Mais qu'avez-vous? vous pâlissez... Souffrez-vous?

— Un peu, monsieur l'abbé... Cette longue lecture, l'émotion que me causent vos bienveillantes paroles... le malaise que j'éprouve depuis quelques jours... Pardonnez ma faiblesse — dit Jacques Ferrand en s'asseyant péniblement; — cela n'a rien de grave sans doute, mais je suis épuisé.

— Peut-être ferez-vous bien de vous mettre au lit? — dit le prêtre avec un vif intérêt — de faire mander votre médecin...

— Je suis médecin, monsieur l'abbé — dit Polidori. — L'état de Jacques Ferrand demande de grands soins, je les lui donnerai.

Le notaire tressaillit.

— Un peu de repos vous remettra, je l'espère — dit le curé. — Je vous laisse ; mais avant, je vais vous donner le reçu de cette somme.

Pendant que le prêtre écrivait le reçu, Jacques Ferrand et Polidori échangèrent un regard impossible à rendre...

— Allons, bon courage, bon espoir ! — dit le prêtre en remettant le reçu à Jacques Ferrand. — D'ici à bien long-temps, Dieu ne permettra pas qu'un de ses meilleurs serviteurs quitte une vie si utilement, si religieusement employée... Demain je reviendrai vous voir... Adieu, monsieur... adieu, mon ami... mon digne et saint ami...

Le prêtre sortit.

Jacques Ferrand et Polidori restèrent seuls.

suite de grands prix, je les lui donnerai
! à noëln ou veillà.

— Oh ! reprit-il, vous vous ruinez, je l'assure... Elle reprit : — Je vous laisse ; mais
tantôt je vais vous donner le reçu de votre
capital.

Iriquapic le ; farad rivait le reçu, Jacques Ferraud et l'ollicit échangèrent un regard impassible. Iraoien...

— Allons, bon courage, bon espoir ! — dit
tout bas en serrant la main de Jacques à l'ou-
reille. — D... a fait largement ! Eh ! ne
tremblez pas, que a... ne s'en doit ; ne sortez
pas qu'elle n'ait été donnée, et reficiam
veuleicn, je... Deunit, j'everpendrai voudra. Allon, monsieur, allez, nier vous
sera digne de celui qui...

La giourenet.
..... figurent grad sont l'auront s pu

CHAPITRE XIV.

LES COMPLICES.

A peine l'abbé fut-il parti, que Jacques Ferrand poussa une imprécation terrible.

Son désespoir et sa rage, si long-temps comprimés, éclatèrent avec furie; haletant, la figure crispée, l'œil égaré, il marchait à pas précipités, allant et venant dans son cabinet comme une bête féroce tenue à la chaîne.

Polidori, conservant le plus grand calme, observait attentivement le notaire.

— Tonnerre et sang! — s'écria enfin Jacques Ferrand d'une voix éclatante de courroux — ma fortune entière engloutie dans ces stupides bonnes œuvres!... moi qui méprise et exècre les hommes... moi qui n'avais vécu que pour les tromper et les dépouiller... moi fonder des établissements philanthropiques... m'y forcer... par des moyens infernaux!... mais c'est donc le démon que ton maître? — s'écria-t-il exaspéré, en s'arrêtant brusquement devant Polidori.

— Je n'ai pas de maître — répondit froidement celui-ci. — Ainsi que toi... j'ai un juge...

— Obéir comme un niais aux moindres ordres de cet homme! — reprit Jacques Ferrand dont la rage redoublait. — Et ce prêtre... qu'à part moi j'ai si souvent raillé d'être, comme les autres, dupe de mon hypocrisie... chacune des louanges qu'il me donnait de bonne foi était un coup de poignard... Et me contraindre!.. toujours me contraindre!..

— Sinon l'échafaud...

— Oh! ne pouvoir échapper à cette domination fatale!... Mais enfin voilà plus d'un million que j'abandonne... S'il me reste avec cette maison cent mille francs, c'est tout au plus... Que peut-on vouloir encore?

— Tu n'es pas au bout... Le prince sait par Badinot que ton homme de paille, Petit-Jean, n'était que ton prête-nom pour les prêts usuraires faits au vicomte de Saint-Remy, que tu as (toujours sous le nom de Petit-Jean) si rudement rançonné d'ailleurs pour ses faux. Les sommes que Saint-Remy a payées lui avaient été prêtées par une grande dame... probablement encore une restitution qui t'attend... Mais on l'ajourne sans doute parce qu'elle est plus délicate...

— Enchaîné... enchaîné ici!...

— Aussi solidement qu'avec un câble de fer...

— Toi... mon geôlier... misérable!

— Que veux-tu?... selon le système du prince, rien de plus logique : il punit le crime par le crime, le complice par le complice.

— Oh! rage!...

— Et malheureusement rage impuissante!... car, tant qu'IL ne m'aura pas fait dire : — Jacques Ferrand est libre de quitter sa maison... je resterai à tes côtés, comme ton ombre... Écoute donc, ainsi que toi je mérite l'échafaud... Si je manque aux ordres que j'ai reçus comme ton geôlier, ma tête tombe!... Tu ne pouvais donc avoir un gardien plus incorruptible... Quant à fuir tous deux... impossible...

nous ne pourrions faire un pas hors d'ici sans tomber entre les mains des gens qui veillent jour et nuit à la porte de ce logis et à celle de la maison voisine, notre seule issue en cas d'escalade.

— Mort et furie !... je le sais.

— Résigne-toi donc alors ; car cette fuite est impossible... réussit-elle, elle ne nous offrirait que des chances de salut plus que douteuses : on mettrait la police à nos trousses. Au contraire, toi en obéissant et moi en surveillant l'exactitude de ton obéissance, nous sommes certains de ne pas avoir le cou coupé... Encore une fois, résignons-nous.

— Ne m'exaspère pas par cet ironique sang-froid... ou bien...

— Ou bien quoi ? Je ne te crains pas, je suis sur mes gardes, je suis armé, et lors même que tu aurais retrouvé pour me tuer le stylet empoisonné de Cecily...

— Tais-toi...

— Cela ne t'avancerait à rien... tu sais que toutes les deux heures il faut que je donne *à qui de droit* un bulletin de ta précieuse santé... manière indirecte d'avoir de nos nouvelles à tous deux... En ne me voyant pas paraître, ou se douterait du meurtre, tu serais arrêté. Et mais... tiens... je te fais injure en te supposant capable de ce crime. Tu as sacrifié plus d'un million pour avoir la vie sauve, et tu risquerais ta tête... pour le sot et stérile plaisir de me tuer par vengeance!.. Allons donc, tu n'es pas assez bête pour cela.

— C'est parce que tu sais que je ne puis pas te tuer que tu redoubles mes maux en les exaspérant par tes sarcasmes.

— Ta position est très-originale... tu ne te vois pas... mais d'honneur... c'est très-piquant.

— Oh malheur! malheur inextricable! de quelque côté que je me tourne, c'est la ruine, c'est le déshonneur, c'est la mort! Et dire que maintenant, ce que je redoute le plus au monde... c'est le néant! Malédiction sur moi, sur toi, sur la terre entière!

— Ta misanthropie est plus large que ta philanthropie... Elle embrasse le monde... L'autre, un arrondissement de Paris.

— Va... raille-moi, monstre!..

— Aimes-tu mieux que je t'écrase de reproches?

— Moi?...

— A qui la faute si nous sommes réduits à cette position? à toi. Pourquoi conserver à ton cou, pendue comme une relique, cette lettre de moi, relative à ce meurtre qui t'a valu cent mille écus, ce meurtre que nous avions fait si adroitement passer pour un suicide?

— Pourquoi? misérable! Ne t'avais-je pas donné cinquante mille francs pour ta coopération à ce crime et pour cette lettre que j'ai exigée, tu le sais bien, afin d'avoir une garantie contre toi... et de t'empêcher de me rançonner plus tard en me menaçant de me perdre? Car ainsi tu ne pouvais me dénoncer sans te livrer toi-même... Ma vie et ma fortune étaient donc attachées à cette lettre... voilà pourquoi je la portais toujours si précieusement sur moi...

— C'est vrai, c'était habile de ta part, car je ne gagnais rien à te dénoncer, que le plaisir d'aller à l'échafaud côte à côte avec toi... Et pourtant ton habileté nous a perdus, lorsque la mienne nous avait jusqu'ici assuré l'impunité de ce crime..

— L'impunité... tu le vois...

— Qui pouvait deviner ce qui se passe? Mais, dans la marche ordinaire des choses, notre crime devait être et a été impuni, grâce à moi.

— Grâce à toi!

— Oui, lorsque nous avons eu brûlé la cervelle de cet homme... tu voulais, toi, simplement contrefaire son écriture et écrire à sa sœur que, ruiné complétement, il se tuait par désespoir... Tu croyais faire montre de grande finesse en ne parlant pas dans cette prétendue lettre du dépôt qu'il t'avait confié... C'était absurde. Ce dépôt étant connu de la sœur de notre homme, elle l'eût nécessairement réclamé. Il fallait donc au contraire, ainsi que nous avons fait, le mentionner, ce dépôt, afin que si par hasard l'on avait des doutes sur la réalité du suicide, tu fusses la dernière personne soupçonnée. Comment supposer que, tuant un homme pour t'emparer d'une somme qu'il t'avait confiée, tu serais assez sot pour parler de ce dépôt dans la fausse lettre que tu lui attribuerais? Aussi qu'est-il arrivé? On a cru au suicide. Grâce à ta réputation de probité, tu as pu nier le dépôt, et on a cru que le frère s'était tué après avoir dissipé la fortune de sa sœur.

— Mais qu'importe tout cela aujourd'hui ? le crime est découvert.

— Et grâce à qui ? Etait-ce ma faute si ma lettre était une arme à deux tranchants ? pourquoi as-tu été assez faible, assez niais pour livrer cette arme terrible... à cette infernale Cecily ?

— Tais-toi... ne prononce pas ce nom ! — s'écria Jacques Ferrand avec une expression effrayante.

— Soit... je ne veux pas te rendre épileptique... tu vois bien qu'en ne comptant que sur la justice ordinaire... nos précautions mutuelles étaient suffisantes... Mais la justice extraordinaire de celui qui nous tient en son pouvoir redoutable procède autrement...

— Oh ! je ne le sais que trop...

— Il croit, lui, que couper la tête aux criminels ne répare pas suffisamment le mal qu'ils ont fait... Avec les preuves qu'il a en mains, il nous livrait tous deux aux tribunaux. Qu'en résultait-il ? Deux cadavres tout au plus bons à engraisser l'herbe du cimetière.

— Oh! oui... ce sont des larmes, des angoisses, des tortures qu'il lui faut à ce prince... à ce démon... Mais je ne le connais pas, moi; mais je ne lui ai jamais fait de mal. Pourquoi s'acharne-t-il ainsi sur moi?

— D'abord il prétend se ressentir du bien et du mal qu'on fait aux autres hommes, qu'il appelle naïvement ses frères... et puis il connaît, lui, ceux à qui tu as fait du mal, et il te punit à sa manière...

— Mais de quel droit?

— Voyons, Jacques, entre nous ne parlons pas de droit : il avait le pouvoir de te faire judiciairement couper la tête... Qu'en serait-il résulté? Tes deux seuls parents sont morts... l'État profitait de ta fortune au détriment de ceux que tu avais dépouillés... Au contraire, en mettant ta vie au prix de ta fortune... Morel le lapidaire, le père de Louise que tu as déshonorée, se trouve, lui et sa famille, désormais à l'abri du besoin.... Madame de Fermont, la sœur de M. de Renneville prétendu suicidé, retrouve ses cent mille écus; Germain, que tu avais faussement accusé de vol, est réhabilité et mis en possession d'une place honorable et assurée à la tête de la *Banque des Travailleurs sans ouvrage*, qu'on te force de fonder pour réparer et expier les outrages que tu as commis contre la société. Entre scélérats on peut s'avouer cela; mais franchement, au point de vue de celui qui nous tient entre ses serres, la société n'aurait rien gagné à ta mort... elle gagne beaucoup à ta vie.

— Et c'est cela qui cause ma rage... et ce n'est pas là ma seule torture encore!!

— Le prince le sait bien... Maintenant que va-t-il décider de nous? Je l'ignore... Il nous a promis la vie sauve si nous exécutions aveuglément ses ordres... Il tiendra sa promesse... Mais s'il ne croit pas nos crimes suffisamment expiés, il saura bien faire que la mort soit mille fois préférable à la vie qu'il nous laisse... Tu ne le connais pas... Quand il se croit autorisé à être inexorable, il n'est pas de bourreau plus féroce... Il faut qu'il ait le diable à ses ordres pour avoir découvert... ce que j'étais allé faire en Normandie. Du reste... il a plus d'un démon à son service... car cette Cecily... que la foudre écrase!..

— Encore une fois, tais-toi... pas ce nom... pas ce nom...

— Si, si... que la foudre écrase celle qui porte ce nom !.. c'est elle qui a tout perdu. Notre tête serait en sûreté sur nos épaules... sans ton imbécile amour pour cette créature.

Au lieu de s'emporter, Jacques Ferrand répondit avec un profond abattement :

— La connais-tu... cette femme ?... Dis ? l'as-tu jamais vue ?..

— Jamais... On la dit belle... je le sais...

— Belle... — répondit le notaire en haussant les épaules. Tiens — ajouta-t-il avec une sorte d'amertume désespérée — tais-toi... ne parle pas de ce que tu ignores... Ne m'accuse pas... Ce que j'ai fait... tu l'aurais fait à ma place...

— Moi! mettre ma vie à la merci d'une femme !..

— De celle-là... oui... et je le ferais de nouveau... si j'avais à espérer... ce qu'un moment j'ai espéré...

— Par l'enfer !.. il est encore sous le charme — s'écria Polidori stupéfait.

— Écoute — reprit le notaire d'une voix calme, basse et pour ainsi dire accentuée çà et

là par des élans de désespoir incurable —
— écoute... tu sais si j'aime l'or? tu sais ce
que j'ai bravé pour en acquérir? Compter
dans ma pensée les sommes que je possédais...
les voir se doubler par mon avarice, endurer
toutes les privations et me savoir maître d'un
trésor... c'était ma joie, mon bonheur... Oui,
posséder, non pour dépenser, non pour jouir...
mais pour thésauriser, c'était ma vie... Il y a
un mois, si l'on m'eût dit : « Entre ta fortune
et ta tête, choisis », j'aurais livré ma tête.

— Mais à quoi bon posséder... quand on va
mourir?

— Demande-moi donc alors : A quoi bon
posséder quand on n'use pas de ce qu'on possède? Moi, millionnaire, menais-je la vie d'un
millionnaire? Non, je vivais comme un pauvre... J'aimais donc à posséder... pour posséder...

— Mais, encore une fois, à quoi bon posséder si l'on meurt?

— A mourir en possédant!.. oui, à jouir
jusqu'au dernier moment de la jouissance
qui vous a fait tout braver, privations, infamie, échafaud... oui, à dire encore, la tête

sur le billot : *Je possède !!!* Oh ! vois-tu, la mort est douce, comparée aux tourments que l'on endure en se voyant, de son vivant, dépossédé comme je le suis, dépossédé de ce qu'on a amassé au prix de tant de peine, de tant de dangers ! Oh ! se dire à chaque heure, à chaque minute du jour : Moi qui avais plus d'un million, moi qui ai souffert les plus rudes privations pour conserver, pour augmenter ce trésor... moi qui, dans dix ans, l'aurais eu doublé, triplé, je n'ai plus rien... rien... C'est atroce ! c'est mourir, non pas chaque jour, mais c'est mourir à chaque minute du jour... Oui, à cette horrible agonie qui doit durer des années peut-être, j'aurais préféré mille fois la mort rapide et sûre qui vous atteint avant qu'une parcelle de votre trésor vous ait été enlevée ; encore une fois, au moins je serais mort en disant : Je possède...

Polidori regarda son complice avec un profond étonnement.

— Je ne te comprends plus... Alors pourquoi as-tu obéi aux ordres de celui qui n'a qu'à dire un mot pour que ta tête tombe ?

Pourquoi as-tu préféré la vie sans ton trésor...
si cette vie te semble si horrible?..

— C'est que, vois-tu — ajouta le notaire
d'une voix de plus en plus basse — mourir,
c'est ne plus penser... mourir, c'est le néant...
Et Cecily?

— Et tu espères?.. — s'écria Polidori stupéfait.

— Je n'espère pas, je possède...

— Quoi?

— Le souvenir.

— Mais tu ne dois jamais la revoir, mais
elle a livré ta tête!

— Mais je l'aime toujours, et plus frénétiquement que jamais... moi!— s'écria Jacques
Ferrand avec une explosion de larmes, de sanglots qui contrastèrent avec le calme morne
de ses dernières paroles.—Oui, reprit-il dans
une effrayante exaltation—je l'aime toujours,
et je ne veux pas mourir, afin de pouvoir me
plonger et me replonger encore avec un atroce
plaisir dans cette fournaise où je me consume
à petit feu... Car tu ne sais pas... cette nuit...
cette nuit où je l'ai vue si belle... si passionnée, si enivrante... cette nuit est toujours pré-

sente à mon souvenir... Ce tableau d'une volupté terrible est là, toujours là... devant mes yeux... Qu'ils soient ouverts ou fermés par un assoupissement fébrile ou par une insomnie ardente, je vois toujours son regard noir et enflammé qui fait bouillir la moelle de mes os... Je sens toujours son souffle sur mon front... J'entends toujours sa voix...

— Mais ce sont là d'épouvantables tourments!

— Épouvantables! oui, épouvantables!... Mais la mort! mais le néant! mais perdre pour toujours ce souvenir aussi vivant que la réalité, mais renoncer à ces souvenirs qui me déchirent, me dévorent et m'embrasent!...Non!... non!... non!...Vivre!... vivre!... pauvre, méprisé, flétri... vivre au bagne... mais vivre!... pour que la pensée me reste... puisque cette créature infernale a toute ma pensée... est toute ma pensée!...

— Jacques — dit Polidori d'un ton grave qui contrasta avec son amère ironie habituelle — j'ai vu bien des souffrances; mais jamais tortures n'approchèrent des tiennes... Celui qui nous tient en sa puissance ne pouvait être plus impitoyable... Il t'a condamné à vivre... ou plutôt à attendre la mort dans des angoisses terribles... car cet aveu m'explique les symptômes alarmants qui chaque jour se développent en toi... et dont je cherchais en vain la cause...

— Mais ces symptômes n'ont rien de grave! c'est de l'épuisement... c'est la réaction de mes chagrins!... Je ne suis pas en danger... n'est-ce pas?

— Non... non... mais ta position est grave, il ne faut pas l'empirer... il est certaines pensées qu'il faudra chasser... Sans cela... tu courrais de grands dangers...

— Je ferai ce que tu voudras, pourvu que je vive... car je ne veux pas mourir. Oh! les prêtres parlent de damnés!... jamais on n'a imaginé pour eux un supplice égal au mien. Torturé par la passion et la cupidité, j'ai deux plaies vives au lieu d'une... et je les sens également toutes deux... La perte de ma fortune m'est affreuse... mais la mort me serait plus affreuse encore... J'ai voulu vivre... ma vie peut n'être qu'une torture sans fin... sans issue, et je n'ose appeler la mort... car la mort anéantit mon funeste bonheur... ce mirage de ma pensée... où m'apparaît incessamment Cecily...

—Tu as du moins la consolation — dit Polidori en reprenant son sang-froid ordinaire — de songer au bien que tu as fait pour expier tes crimes...

— Oui, raille, tu as raison... retourne-moi sur des charbons ardents... Tu sais bien, misérable, que je hais l'humanité; tu sais bien que ces expiations que l'on m'impose, et dans lesquelles des esprits faibles trouveraient quelques consolations, ne m'inspirent, à moi, que haine et fureur contre ceux qui m'y obligent et contre ceux qui en profitent... Tonnerre et meurtre! Songer que pendant que je traînerai une vie épouvantable... n'existant que pour *jouir* de souffrances qui effrayeraient les plus intrépides... ces hommes que j'exècre verront, grâce aux biens dont on m'a dépouillé, leur misère s'alléger... que cette veuve et sa fille remercieront Dieu de la fortune que je leur rends... que ce Morel et sa fille vivront dans l'aisance... que ce Germain aura un avenir honorable et assuré!... Et ce prêtre!... ce prêtre qui me bénissait, quand mon cœur nageait dans le fiel et dans le sang, je l'aurais poignardé!... Oh! c'en est trop!.. Non! non!.. — s'écria-t-il en appuyant sur son front ses deux mains crispées... — ma tête éclate, à la fin... mes idées se troublent... Je ne résisterai pas à de tels accès de rage impuissante... à ces tortures toujours renaissantes... Et tout cela pour toi!.. Cecily... Cecily!.. Le sais-tu au moins que je souffre autant... le sais-tu, Cecily... démon sorti de l'enfer!

Et Jacques Ferrand, épuisé par cette effroyable exaltation, retomba haletant sur son siége, et se tordit les bras en poussant des rugissements sourds et inarticulés.

Cet accès de rage convulsive et désespérée n'étonna pas Polidori.

Possédant une expérience médicale consommée, il reconnut facilement que chez Jacques Ferrand la rage de se voir dépossédé de sa fortune, jointe à sa passion ou plutôt à sa frénésie pour Cecily, avait allumé chez ce misérable une fièvre dévorante.

Ce n'était pas tout... Dans l'accès auquel Jacques Ferrand était alors en proie, Polidori remarquait avec inquiétude certains pronostics d'une des plus effrayantes maladies qui aient jamais épouvanté l'humanité, et dont Paulus et Aretée, aussi grands observateurs que grands moralistes, ont si admirablement tracé le foudroyant tableau.

. . . .

— Tout à coup on frappa précipitamment à la porte du cabinet.

— Jacques — dit Polidori au notaire — Jacques, remets-toi... voici quelqu'un...

Le notaire ne l'entendit pas. A demi couché sur son bureau, il se tordait dans des spasmes convulsifs.

Polidori alla ouvrir la porte, il vit le maître-clerc de l'étude qui, pâle et la figure bouleversée, s'écria :

— Il faut que je parle à l'instant à M. Ferrand.

— Silence... il est dans ce moment très-souffrant... il ne peut vous entendre... — dit Polidori à voix basse, et, sortant du cabinet du notaire, il en ferma la porte.

— Ah! monsieur — s'écria le maître-clerc

— vous, le meilleur ami de M. Ferrand, venez à son secours, il n'y a pas un moment à perdre...

— Que voulez-vous dire?

— D'après les ordres de M. Ferrand, j'étais allé dire à madame la comtesse Mac-Grégor qu'il ne pouvait se rendre chez elle aujourd'hui, ainsi qu'elle le désirait...

— Eh bien?

— Cette dame, qui paraît maintenant hors de danger, m'a fait entrer dans sa chambre. Elle s'est écriée d'un ton menaçant : — Retournez dire à M. Ferrand que, s'il n'est pas ici, chez moi, dans une demi-heure... avant la fin du jour il sera arrêté comme faussaire... car l'enfant qu'il a fait passer pour morte ne l'est pas... je sais à qui il l'a livrée, je sais où elle est... (1).

— Cette femme délirait — répondit froidement Polidori en haussant les épaules.

— Vous le croyez, monsieur?

— J'en suis sûr.

(1) Le lecteur sait que Sarah croyait encore Fleur-de-Marie enfermée à Saint-Lazare, selon ce que la Chouette avait dit avant de la frapper.

— Je l'avais pensé d'abord, monsieur ; mais l'assurance de madame la comtesse...

— Sa tête aura sans doute été affaiblie par la maladie... et les visionnaires croient toujours à leurs visions.

— Vous avez sans doute raison, monsieur ; car je ne pouvais m'expliquer les menaces de la comtesse à un homme aussi respectable que M. Ferrand.

— Cela n'avait pas le sens commun.

— Je dois vous dire aussi, monsieur, qu'au moment où je quittais la chambre de madame la comtesse, une de ses femmes est entrée précipitamment en disant : — *Son Altesse* sera ici dans une heure...

— Cette femme a dit cela ? — s'écria Polidori.

— Oui, monsieur, et j'ai été très-étonné, ne sachant de quelle Altesse il pouvait être question...

— Plus de doute, c'est le prince — se dit Polidori. — Lui chez la comtesse Sarah, qu'il ne devait jamais revoir... Je ne sais, mais je n'aime pas ce rapprochement... il peut empirer notre position. — Puis, s'adressant au maître-clerc, il ajouta : — Encore une fois, monsieur, ceci n'a rien de grave; c'est une folle imagination de malade : d'ailleurs je ferai part tout à l'heure à M. Ferrand de ce que vous venez de m'apprendre.

. . . .

Maintenant nous conduirons le lecteur chez la comtesse Sarah Mac-Grégor.

NOTES.

A Monsieur le Rédacteur
DU JOURNAL DES DÉBATS.

Monsieur,

A propos d'un chapitre des *Mystères de Paris,* dans lequel j'essayais de prouver par l'exposition d'un fait dramatisé que *les pauvres ne pouvaient presque jamais jouir du bénéfice de la loi civile*, j'ai reçu les réclamations de plusieurs magistrats et officiers judiciaires.

Tout en m'encourageant avec une bienveillance sympathique, dont je suis aussi touché que reconnaissant, à persévérer dans la tâche que j'ai entreprise, ils m'engagent à écarter de mes assertions tout ce qui, en paraissant exagéré, pourrait diminuer la portée morale qu'ils reconnaissent à mon livre.

Permettez-moi, monsieur, de répondre à ce passage d'une lettre que M***, président d'un tribunal civil du ressort de la cour royale de Nancy, m'a fait l'honneur de m'écrire, ce passage résumant pour ainsi dire les diverses objections qui m'ont été adressées :

« Vous dites, monsieur, que la justice civile *est*
» *trop chère pour les pauvres gens.* Je crois que, dans
» son malheur, la femme dont vous peignez la triste
» situation avait un abri sûr contre la brutalité, les
» persécutions et les désordres de son mari ; il lui
» suffisait de déposer sa plainte au parquet de M. le
» procureur du Roi ; des poursuites auraient été di-
» rigées par ce magistrat au nom de la vindicte pu-
» blique, et la répression eût été prompte et efficace,
» sans qu'il en coûtât rien à l'épouse ; le mari pou-
» vait être puni, la femme protégée. Avec le jugement
» obtenu en police correctionnelle contre son mari
» pour délit de coups volontaires, elle avait la faculté
» d'intenter ensuite une action en séparation de corps
» pour sévices ; et sa demande eût été nécessairement
» *accueillie à très-peu de frais*.... car ici l'audition des
» témoins au civil devenait inutile : la seule produc-
» tion du jugement motivait la séparation. »

Nous reconnaissons tout ce qu'il y a de juste dans cette observation ; mais nous croyons que le vice que nous avons signalé n'en subsiste pas moins.

En effet, *la femme est toujours obligée d'intenter une action en séparation de corps* ; or, quoique cette demande soit accueillie *à très-peu de frais*, ces frais n'en sont pas moins si exorbitants, relativement à la condition du pauvre, qu'il lui devient matériellement *impossible* de profiter du bénéfice de la loi.

Nous avions, d'après des autorités irrécusables, porté le chiffre de la somme nécessaire pour payer les frais d'une demande en séparation de corps à 4 ou 500 fr. : en admettant que ces frais soient réduits de moitié, par la production du jugement obtenu en police correctionnelle pour sévices et violences, il restera toujours 200 fr. de frais, 100 même si l'on veut... Eh bien! ceux qui connaissent la position des classes ouvrières diront comme nous que 100 fr. est une somme non pas difficile, mais *impossible à réaliser*, pour une mère de famille qui, gagnant à peine trente sous par jour, est obligée d'entretenir et de nourrir elle et ses enfants avec cette somme.

Pour réaliser 100 fr., il lui faudrait *ne pas vivre*, elle et sa famille, pendant plus de deux mois.

Un officier judiciaire nous a objecté qu'un magistrat pouvait, préventivement et en vertu de son pouvoir discrétionnaire, ordonner d'expulser un mari violent et débauché du domicile conjugal.

Soit : ceci est une mesure transitoire ; mais la *séparation légale*, efficace, définitive, ne peut s'obtenir que par un jugement ressortissant d'un tribunal civil, et, nous le répétons, nous le prouvons, il est impossible aux pauvres de subvenir aux frais de ce jugement.

Nous convenons de notre peu d'autorité comme légiste; c'est le seul bon sens qui nous a toujours guidé dans nos nombreuses observations critiques : laissons parler un magistrat, auteur d'un noble et beau livre où respire la plus touchante, la plus intelligente philanthropie, unie à un sentiment religieux d'une haute élévation (1).

« Les pauvres ont le droit de plaider ; mais devant

(1) *Travail et Salaire*, par M. Prosper Tarbé, substitut du procureur du Roi à Reims. — Paris, 1841.

» les tribunaux civils il ne s'agit pas d'avancer 15 fr.
» — Pour lancer une assignation, les frais sont énor-
» mes ; peu de procès coûtent moins de 50 fr. ; il s'agit
» donc, pour le journalier, du prix de vingt-cinq jour-
» nées de travail, c'est-à-dire que *pendant vingt-cinq*
» *jours il ne donnera pas de pain à sa famille,* ou grèvera
» son avenir d'un passif qu'il payera Dieu sait quand.
» Que fera-t-il? Il ira chez le juge de paix, qui citera les
» parties par lettres ; le défendeur ne se rendra pas de-
» vant le magistrat, l'ouvrier sera obligé de le faire
» assigner, c'est-à-dire qu'il faudra qu'il fasse l'a-
» vance des fonds nécessaires : indigence trouve peu
» de crédit. Si le journalier ne peut faire valoir ses
» droits, le débiteur abusera de cette misérable posi-
» tion, il ne le payera pas, ou le réduira à subir des
» transactions désastreuses. »

Et plus loin (page 274) :

« Si l'ouvrier maltraite sa femme, s'il passe sa vie
» dans les cabarets et dans les maisons de débauche,
» s'il force sa compagne à travailler seule pour les faire
» vivre tous deux, s'il la *contraint de se prostituer au*
» *profit de la communauté*, qui défendra cette malheu-
» reuse contre son infortune? Elle gagne 75 centimes
» à 1 franc par jour. »

Nous le répétons : si modérés que soient les frais de justice civile, ils sont matériellement inabordables aux classes pauvres.

Dans le même chapitre, nous tâchions de peindre les douleurs et l'effroi d'une malheureuse mère qui craint de voir son mari chercher un lucre infâme dans la prostitution de sa propre fille.

On nous écrit à ce sujet :

« — Quant au projet de prostitution ou d'excitation
» à la débauche du père envers sa fille, il convient
» aussi de se pénétrer des dispositions de l'article 334
» du Code, et vous serez convaincu, monsieur, que la
» société n'est pas désarmée en présence de si mons-
» trueux attentats, et la prévoyance du législateur ne
» pouvait aller plus loin. »

— A ceci je me permettrai de répondre qu'ainsi que je l'ai prouvé,

Le père est admis à faire inscrire sa fille *au bureau des mœurs*, sur le registre de la prostitution ; le mari a le même pouvoir sur sa femme.

Enfin, je citerai les passages suivants du livre de M. Prosper Tarbé :

« ...... Aujourd'hui, si une jeune fille de *onze ans
» et demi* (et Dieu sait quelle raison, quelle expérience
» on peut avoir à cet âge !) est victime d'une séduc-
» tion, si sa mère éplorée vient demander justice aux
» magistrats, on lui demande s'il y a eu publicité ou
» violence ; et si cette malheureuse répond négative-
» ment, on ne *peut rien* pour son cœur de mère pro-
» fondément outragé, rien pour sa pauvre fille cor-
» rompue, déshonorée avant d'être femme, rien pour
» la société, qui voit avec indignation toutes les lois
» de la morale indignement méconnues. (Page 114.)

» Long temps j'ai refusé de croire à l'inceste ; ce me
» semblait une fiction faite pour la tragédie... mais
» la vie judiciaire tue une à une toutes les illusions
» du cœur... Que de pauvres mères sont venues con-
» ter en pleurant qu'elles avaient pour rivales leurs

» propres filles!... d'autres se disent victimes des
» brutales amours de leurs fils... Faut-il dire que
» quelquefois j'ai vu le père et la fille maltraiter la
» mère et la chasser honteusement de sa propre mai-
» son pour y goûter en paix, si Dieu le permettait,
» leurs coupables amours!... Et lorsque ces misères
» sont connues d'un procureur du Roi, *la loi le con-*
» *damne à l'inaction...* Oh! c'est alors qu'on sent com-
» bien est vicieuse une législation qui laisse à la jus-
» tice de Dieu le soin de punir des actes qui font tant
» de mal sur la terre !

» A la société qui demande vengeance, aux bonnes
» mœurs, à la religion, à la nature qui s'indignent, au
» malheureux qui pleure et vient demander justice
» et secours, l'homme de la loi doit répondre : *Je ne*
» *peux rien... je ne ferai rien.*

» Qu'on ne me dise pas que le ministère public peut
» faire des remontrances. Nul n'est censé ignorer la
» loi ; cet adage est une vérité, et l'on sait bien main-
» tenant répondre aux reproches du parquet : — La
» loi ne le défend pas, de quoi vous mêlez-vous ? »
(Pages 120 et 121.)

La loi étant impuissante à réprimer l'inceste, comment, je le demande, atteindra-t-elle le père qui,
usant de son droit de chef de la communauté, pous-
sera sa fille au déshonneur, afin de profiter du prix de
la honte de cette malheureuse?

Veut-on un autre exemple de l'impossibilité où
sont les classes pauvres de jouir du bénéfice de certaines lois civiles?

Voici un fait qui s'est passé le 8 de ce mois :

NOTES.

Une rixe s'engage entre deux hommes; l'un reçoit un coup dangereux, dont il meurt.

Je lis dans le journal qui rend compte des assises (1):

« ..... On introduit la veuve de la victime, jeune
» femme de vingt-cinq ans, vêtue en grand deuil, et
» d'une pâleur mortelle.

» *Demande.* — Avant de s'aliter, votre mari n'é-
» tait-il pas venu au parquet de M. le procureur du
» Roi pour porter plainte et pour déclarer qu'il se
» portait partie civile?

» *Réponse.* — Oui, monsieur le président, il voulait
» s'assurer, pour éviter d'aller à l'hospice, qu'il se-
» rait en état de payer son médecin en demandant des
» dommages et intérêts, car il ne doutait pas qu'il
» allait faire une maladie (en suite du coup qu'il
» avait reçu); mais comme on lui demanda *de déposer*
» *d'abord une somme que nous n'avions pas, nous autres*
» *pauvres gens*, IL FALLUT RENONCER AU BÉNÉFICE DE LA
» LOI; et je vous le dis, messieurs, quelque temps
» après mon mari mourut à l'hôpital.

» La pauvre veuve se met à pleurer.

» — M. LE PRÉSIDENT, *avec bonté* : Venez, madame,
» venez vous asseoir au pied de la Cour, à côté de
» votre avocat... »

Je le répète, ceci s'est passé hier...

J'avais dit, dans le même chapitre des *Mystères de Paris*, qu'au moins l'exécution capitale était infligée *gratis*...

(1) *Bulletin des Tribunaux*, 8 juin 1843. — Cour d'assises, présidence de M. Bresson.

On m'écrit à ce sujet :

« Voici, monsieur, ce qui est arrivé dans une ville
» du département de l'Oise où j'ai une maison de
» campagne : un homme fut condamné à mort par la
» Cour d'assises ; il fut exécuté. Eh bien, monsieur,
» *les frais d'exécution furent tels que sa malheureuse*
» *veuve fut obligée de vendre sa vache et sa petite maison*
» *pour y subvenir...*

» Ce fut grâce à une souscription ouverte par moi
» dans le pays, et généreusement remplie par nos bra-
» ves paysans, que la pauvre femme dut de ne pas
» mourir de faim. »

. . . .

Je n'aurais pas, monsieur, de nouveau soulevé ces
questions sans les réclamations que je viens de signaler ; l'extrême bienveillance dont elles étaient empreintes, l'autorité morale que leur donnaient le caractère et la position des personnes qui ont bien voulu
me les adresser, motivaient cette réponse, ou plutôt
cette preuve de déférence, toujours et seulement due
à une critique loyale, intelligente et sérieuse... C'est
pour cela qu'il ne me convient pas de répondre aux
attaques dont les *Mystères de Paris* ont été hier l'objet
à la tribune de la chambre des députés.

Permettez-moi, monsieur, de le répéter encore en
terminant cette lettre : Oui, il est d'utiles, de grandes, d'importantes réformes à introduire dans certaines parties de la législation ; et pour revenir au
sujet précédent :

Le jugement de police correctionnelle qui condam-
nerait un homme accusé de violences graves envers

sa femme, ne pourrait-il pas, *à la demande de la femme, dont la pauvreté serait constatée, entraîner virtuellement et sans frais la séparation de corps?*

Je livre cette proposition à l'examen des gens spéciaux.

Veuillez agréer, monsieur, l'assurance, etc.

Eugène Sue.

Paris, le 13 juin.

AU MÊME.

Monsieur,

Je reçois d'un haut fonctionnaire diplomatique français en Piémont la note suivante, qu'il me fait l'honneur de m'adresser au sujet de l'institution de *l'avocat des pauvres.* Cette belle institution, fondée en Piémont depuis plusieurs siècles, permet aux indigents d'intenter *sans frais ou droits régaliens toute espèce d'action judiciaire tant au civil qu'au criminel.*

Ainsi que je l'ai fait remarquer dans le XIe chapitre de ce volume, cette même législation si charitable et si réellement libérale et démocratique existe en Hollande, dans le duché de Modène et dans la plupart des légations.

Est-il permis d'espérer qu'un jour la chambre des députés, à qui toute initiative appartient, comprendra qu'il est au moins étrange qu'en France les classes pauvres et ouvrières soient incomparablement moins bien traitées que dans les États si souvent appelées *despotiques* ?

Il est du moins consolant de constater que des souverains en qui réside la toute-puissance veillent si paternellement, si pieusement aux intérêts des malheureux. En raison même du pouvoir presque absolu dont ils jouissent, ce sont ces princes que l'on doit personnellement glorifier, au nom de l'humanité, d'avoir maintenu ou fondé des institutions si généreuses.

Voici la note sur *l'institution de l'avocat des pauvres*, qui vous semblera, je l'espère, monsieur, digne d'un vif intérêt.

« L'institution d'un magistrat chargé, aux frais du gouvernement, de la défense des pauvres, tant au civil qu'au criminel, est très-ancienne dans les États de Piémont et de Savoie. On a, à ce sujet, une constitution du duc Amédée VIII, qui remonte au quatorzième siècle.

» Voici comment ce service est maintenant organisé :

» Il y a auprès de chaque Sénat du royaume (Turin, Chambéry, Nice, Gênes et Casale) un bureau des pauvres qui se compose :

» 1º D'un *avocat des pauvres* qui très-souvent a le grade de sénateur, avec un nombre proportionné de substituts, selon l'étendue de la juridiction du Sénat. Ces substituts sont tous avocats, ils font partie de la magistrature et passent ensuite à des places plus éminentes ;

» 2º D'un *avoué des pauvres* assisté d'un certain nombre de substituts ;

» 3º De quelques secrétaires occupés de la tenue des registres.

» Le bureau des pauvres est d'abord chargé de la défense de tous les criminels ; il a le privilège d'intervenir dans les procès qui se jugent par défaut ; cependant il ne se sert que rarement de ce droit, et dans des cas extraordinaires ; car autrement il y aurait lésion de la justice, et ce serait autoriser tous les prévenus à se soustraire aux mesures générales d'arrestation provisoire.

» L'avocat des pauvres intervient aux visites des prisons qui sont prescrites deux fois par an au Sénat.

» Le Sénat se réunit dans une salle des prisons, assisté de l'avocat-général, du greffier, etc., et là il entend toutes les réclamations des détenus ; *l'avocat des pauvres* est autorisé à les appuyer et à les soutenir, s'il les juge raisonnables.

» Les prévenus ne peuvent pas refuser le patronage de l'avocat des pauvres. Le gouvernement a dicté cette mesure dans l'intérêt des prévenus, voulant qu'ils soient défendus et bien défendus. Maintenant ils sont libres d'associer à leur défense un autre jurisconsulte.

» Dans les affaires civiles, la partie qui veut être admise au *bénéfice des pauvres* présente une requête au président du tribunal dans le ressort duquel elle veut intenter son action ; cette requête est communiquée à l'avocat des pauvres, qui rend ses conclusions pour l'admission ou pour le rejet.

» Les conditions d'admissibilité sont : 1° *L'indigence*. Elle est attestée par un certificat du maire ou de deux conseillers de la commune, légalisé par le juge de paix, qui est obligé de prendre des informations particulières, et d'attester qu'elle résulte de la vérité de ce qui est exprimé dans le certificat ; 2° que l'action que veulent intenter les pauvres soit fondée en droit. Sur ce point, la plus grande circonspection est recommandée aux avocats des pauvres, afin que ce qui est un bénéfice pour les uns ne devienne pas un moyen de vexation pour les autres.

» Une fois qu'on est admis au bénéfice des pauvres, il n'y a plus aucuns frais à faire ; l'administration de l'enregistrement délivre du papier timbré à débit (*a debito*). Tous les fonctionnaires publics, compris les notaires, sont obligés de délivrer à l'avocat des pauvres tous les actes qu'il requiert, sauf répétition en cas de succès.

» Si l'affaire doit se plaider dans la ville de la résidence du Sénat, par devant quelque tribunal que ce soit, l'avocat des pauvres instruit et discute lui-même l'affaire ; si c'est dans la province, le président du tribunal délègue un avocat et un procureur pour faire les fonctions du bureau des pauvres.

» Dans les procès qui concernent les pauvres, les tribunaux sont autorisés à abréger les délais.

» L'avocat des pauvres, outre son traitement fixe (5000 fr.), perçoit en répétition ses honoraires comme tout autre avocat, en cas de condamnation de la partie adverse aux dépens.

» Quelques clients de mauvaise foi s'étaient permis

de transiger sur les frais, et de donner quittance moyennant la moitié ou un quart. La jurisprudence des tribunaux a paré à cet abus indigne, en déclarant que le montant des frais était une créance particulière du bureau des pauvres, qui seul peut libérer le débiteur. Cette jurisprudence, désormais établie, était nécessaire dans l'intérêt du fisc, qui fait l'avance de tous les frais, et nécessaire aussi dans l'intérêt de tous les fonctionnaires publics qui délivrent copie de leurs actes.

» Pour assister le bureau des pauvres, tous les stagiaires y sont attachés pendant un an. Ceux qui aspirent à entrer dans la magistrature, y restent ordinairement pendant plusieurs années, et ils y trouvent l'avantage de voir passer sous leurs yeux grand nombre d'affaires, dont autrement ils ignoreraient.

» Tous les règlements qui concernent le bureau des pauvres se trouvent dans les anciennes constitutions du Piémont. Probablement elles seront reproduites, à quelques modifications près, dans le nouveau code de procédure dont on s'occupe. »

Puisse, monsieur, ce nouvel exemple de justice et de charité, emprunté au code *piémontais*, non moins admirable en cela que le code *hollandais*, inspirer enfin à quelqu'un de nos législateurs la pensée de soulever devant le pays cette grave question... cette question vitale pour les classes pauvres!

EUGÈNE SUE.

Paris, 30 juin.

FIN DU HUITIÈME VOLUME.

TABLE DES CHAPITRES.

Chap. Ier. Comparaison.	1
II. Maître Boulard.	25
III. François Germain	55
IV. Rigolette	73
V. La Fosse-aux-Lions	93
VI. Complot.	121
VII. Le conteur	149
VIII. Gringalet et Coupé-en-Deux	175
IX. Le triomphe de Gringalet et de Gargousse	205
X. Un ami inconnu.	235
XI. Délivrance	257
XII. Punition.	279
XIII. La banque des pauvres.	301
XIV. Les complices.	329
Notes	351

www.ingramcontent.com/pod-product-compliance
Lightning Source LLC
Chambersburg PA
CBHW050252170426
43202CB00011B/1658